GUIARAMA **COMPACT**

AF277719

Helsinki

ANAYA
TOURING

Autor: **Luis Argeo Fernández**

Responsable editorial: **David Lozano**
Edición: **Gabriel Martínez**
Técnico editorial: **Gabriel Martínez**
Cartografía: **Anaya Touring**
Producción: **Juan José Rodríguez, Antonio Mellado**
  y **Olga Hernando**
Diseño tipográfico y de cubierta: **marivies**

Fotografías: Dreamstime: Photobulb, 43. **Istock:** Marco_Piunti, Cub. sup.; bruev, Cub. inf. johan10, 18. **Sutterstock:** FOTO-GRIN, 6-7; Krestina Aleksandrova, cab. Mirada; Alexey Fedorenko, 8-9; Tommy Alven, 10; JJFarq, 11; Collection Maykova, 12; trabantos, 13; George Trumpeter, 14; Nowaczyk, 15; Claudine Van Massenhove, 16; Mighty Images, 17; Olga Popova, 19 sup.; Maris Grunskis, 19 inf.; Jevgenijs Nikitins, 20-21; anniinatai, 22-23; Icelander, 23; beforesunset, 25; Aija Lehtonen, 26; r.classen, 27; Lev_Karavanov, 28; Tsuguliev, 31 izq.; elina, 31 dcha.; SHEE HENG CHONG, 32-33; anniinatai, 34-35; Molenira, 36-37; George Trumpeter, 38; Mazur Travel, 39; lara-sh, cab. Visita; Nowaczyk, 42; photosounds, 44; New Africa, 45 sup.; Borkin Vadim, 45 inf.; Art_Gants, 46; trabantos, 48-49; ElenaNoeva, 50; Nowaczyk, 51; Lev_Karavanov, 53; DPRM, 54; anniinatai, 56; Stock for you, 57; El Greco 1973, 58; Karolis Kavolelis, 59 sup.; Michael Gordon, 59 inf.; Ira Niva, 62; Aleksandra Suzi, 63; Ina Meer Sommer, 64; Studio MDF, 65; Ekaterina Pokrovsky, 66; LopezPastor, 68; Sari-Me, 69; Xseon, 70-71; Ekaterina Pokrovsky, 72; DreamerAchieverNoraTarvus, 73; Ruslan Lytvyn, cab.dónde e info; ThatHolisticMom888, 74; ArtEvent ET, 75; George Trumpeter, 77; Paul Harding 00, 79; Heikki Wichmann, 80; elina, 81.

1ª edición: 2025

© Grupo Anaya, S. A., 2025
  Valentín Beato, 21. 28037 Madrid
  www.guiasdeviajeanaya.es

Depósito legal: M-01.244-2025
ISBN: 978-84-9158-888-7
Impreso en España-Printed in Spain

PAPEL DE FIBRA
CERTIFICADO

La información contenida en esta guía ha sido cuidadosamente comprobada antes de su publicación. No obstante, dada la naturaleza variable de los datos, recomendamos su verificación antes de salir.

Contenido

Personajes ilustres

Jean Sibelius (1865-1957)
[texto ilustrativo no legible]

Alvar Aalto (1898-1976)
[texto ilustrativo no legible]

Cómo usar esta guía

Esta **Guiarama** de **Helsinki** se divide en cinco secciones que abarcan los aspectos más importantes de la visita a Nueva York.

Una mirada a Helsinki, páginas 6-19

Presentación
Perfil de Helsinki
No hay que perderse
Un poco de historia
Arte y cultural
Personajes famosos

Nueve lugares inolvidables, páginas 20-35

La elección del autor de los nueve lugares más atractivos de la ciudad, todos con información práctica.

Visita a la ciudad, páginas 36-69

Se divide Helsinki en cuatro zonas, cada una con una introducción y listado de los lugares más interesantes.
Información práctica
Breves notas "¿Sabías que...?"
2 sueltos con información complementaria

Dónde ..., páginas 70-81

Información detallada sobre restaurantes, alojamiento, compras, eventos y ocio.

Información práctica, páginas 82-xxx

Toda la información necesaria para el viajero presentada de forma visual.

Mapas y planos

Todas las referencias lo son a los mapas y planos que se incluyen la final de la guía. Por ejemplo, el Plaza del Senado va seguido de la referencia 🔲 41C3 que indica la página en la que se encuentra el plano (41) y las coordenadas (C3) donde se halla el edificio.

Barrios de **Helsinki**

[texto ilustrativo no legible]

Tavastia klubi

3

[texto ilustrativo no legible]

Precios

El precio aproximado de los establecimientos se indicará en su descripción:

Clasificación por estrellas

La mayoría de los lugares descritos en el libro se han clasificado por su grado de interés como sigue:

✱✱✱	Visita obligada
✱✱	Muy interesante
✱	Interesante

Símbolos utilizados

A lo largo de la guía se han utilizado símbolos sencillos y claros para indicar las siguientes categorías:

- 🅖 referencia a los planos del final de la guía
- ✉ dirección o localización
- ☎ número de teléfono
- 🕓 horario
- 🍴 restaurante o café
- Ⓜ estación de metro más cercana
- 🚌 rutas de autobús o tranvía
- 🚆 estación de tren más cercana
- ⚓ ferry más cercano
- ✈ aeropuerto
- ℹ información turística
- ♿ servicios para discapacitados
- 🎫 precio de la entrada
- ⊕ otros lugares de interés cercanos
- 🛈 más información práctica
- 🌐 web

Una
mirada

Presentación

Helsinki, la capital de Finlandia, es una de esas ciudades que combina de forma armónica sus elementos urbanos con la naturaleza presente, el diseño contemporáneo con la historia, y la serenidad del norte con la vitalidad de las metrópolis europeas. Situada a orillas del mar Báltico y rodeada por un archipiélago de más de 300 islas, esta ciudad compacta y accesible se ofrece como un destino singular para quienes buscan autenticidad, tranquilidad y modernidad en un solo lugar.

La ciudad es en sí misma un cruce de culturas donde lo escandinavo y lo eslavo se encuentran y complementan, dejando una huella imborrable en su arquitectura, su gastronomía y su ambiente popular. Desde la majestuosa plaza del Senado, presidida por la icónica catedral de Helsinki, hasta los barrios modernos y creativos como Kallio o Punavuori, la ciudad se presta a ser explorada y disfrutada al gusto del visitante y a ritmo pausado. Nadie tarda en percibir que Helsinki ha sido reconocida como Capital Mundial del Diseño (ocurrió en 2012), pues se refleja a simple vista a través de sus modernas edificaciones, sus delicadas tiendas, su mobiliario… El arte y la creatividad aguardan a la vuelta de cada esquina.

El verano, con sus alargados días bajo el sol de medianoche, es perfecto para disfrutar de los parques, playas y eventos al aire libre que ofrece la ciudad. El otoño regala paisajes de colores cambiantes y una atmósfera acogedora ideal para saltar de los cafés a los museos. En invierno, Helsinki se transforma en un paraíso nevado donde podrás vivir

la magia del hielo y las luces del norte, mientras que la primavera trae un renacer vibrante, con festivales y actividades que celebran el siempre esperado regreso del sol. Cada estación tiene su encanto.

A diferencia de otras capitales escandinavas, Helsinki se caracteriza por su ritmo pausado y su contacto íntimo con la naturaleza. Es una ciudad rodeada de agua, donde las islas y los bosques están a pocos minutos del centro. Como corazón cultural, económico y político del país, su dinamismo está fuera de duda, pero conserva una atmósfera accesible que sorprende a urbanitas llegados de otras grandes ciudades.

El itinerario perfecto de dos o tres días puede incluir un paseo por Suomenlinna, la fortaleza declarada Patrimonio de la Humanidad por la Unesco; una visita a la biblioteca pública central, Oodi, que es mucho más que un espacio de lectura; y una incursión al mercado viejo, Vanha Kauppahalli, donde se pueden probar especialidades locales como la cecina de reno, o los dulces de arándanos. Tampoco conviene perderse el Museo de Arte Contemporáneo Kiasma, o la singular Iglesia de Temppeliaukio, excavada en roca natural. Y para una experiencia auténticamente finlandesa, hay que reservar una sesión en alguna sauna, sea la vetusta sauna de Kotiharjun o una sauna junto al mar, como la famosa Sauna Löyly.

En resumen, Helsinki es mucho más que una puerta de entrada a Finlandia; es un destino en sí mismo, capaz de enamorar con su sencillez, su naturalidad y su capacidad de sorprender a cada paso.

▼ Puesta de sol invernal en Helsinki.

La **esencia** de **Helsinki**

Nada más pisarla, cualquiera notará esa serenidad escandinava, nunca reñida con el palpitante ritmo capitalino. Helsinki se distingue por su equilibrado contraste entre naturaleza y urbanismo. Además, la innovación presente en sus espacios públicos y cierto minimalismo conviven sin rechinar con la tradición arquitectónica heredada a lo largo de los siglos. En sus calles, el diseño y la funcionalidad se fusionan con el transcurrir del tiempo: por aquí un adoquín, por allá titanio y cristal. Y ese mar quieto que rodea la ciudad no solo define su paisaje, sino también su rutina, ya sea en las transitadas aguas del verano, o sobre la capa de hielo en invierno. ¿Hay algo más esencial que el descubrimiento de todo esto?

Perfil de Helsinki

Geografía

Se ubica a orillas del mar Báltico, en el sur de Finlandia. Fue fundada en el año 1550, y es la capital y principal ciudad del país. Comprende un área metropolitana que incluye ciudades vecinas como Espoo y Vantaa. Rodeada por un archipiélago de más de 300 islas, combina naturaleza, historia y modernidad en un entorno único.

Economía

Nadie duda de que la urbe es el motor económico de Finlandia. Destaca en tecnología, innovación y servicios. Más del 70 % de su población activa trabaja en el sector servicios, en ramas como IT, educación y salud. El turismo, impulsado por su diseño, cultura y naturaleza, también es un pilar importante de la ciudad. El distrito central combina negocios, cultura y comercio, creando un equilibrio dinámico.

Política

La ciudad está administrada por un consejo municipal de 85 miembros, elegidos por votación popular cada cuatro años, y presidida por un alcalde. Su sede está en el Ayuntamiento de Helsinki, un edificio neoclásico emblemático situado en la Plaza del Mercado. En los últimos años, la alcaldía ha promovido políticas sostenibles, situando a Helsinki como líder en innovación climática y digitalización. Como capital, es sede del gobierno de Finlandia, incluyendo el Parlamento, ubicado en Arkadianmäki, y la oficina del Primer Ministro. Además, alberga ministerios clave y embajadas internacionales, siendo el centro político del país.

Población

Puede decirse que el centro alberga a unas 660.000 personas, mientras que el área metropolitana supera los 1,5 millones. Es una ciudad diversa, con comunidades de más de 140 nacionalidades. En sus barrios se hablan numerosos idiomas, destacando el finés, sueco e inglés. Alrededor del 16 % de los habitantes en la capital finlandesa son extranjeros, reflejo de su carácter multicultural.

No hay que perderse…

Los finlandeses disfrutan del silencio y la calma de sus parques, mientras la hospitalidad se mantiene viva en los bares o las saunas. Hoy en día es muy difícil alcanzar la plenitud durante un viaje, pero en Helsinki se puede entrever en espacios tales como:

▌ **Museos y galerías de arte,** como el Museo de Arte Contemporáneo Kiasma (www.kiasma.fi), o el Amos Rex (www.amosrex.fi), situado bajo tierra.
▌ **La terraza de la biblioteca pública Oodi** (www.oodihelsinki.fi), un edificio futurista que es mucho más que un espacio de lectura.
▌ **El monumento a Sibelius,** una pieza de 580 tubos de acero que el viento hace sonar para recordar al compositor finlandés en el barrio de Töölö.
▌ **Saunas públicas en la costa del mar Báltico;** las hay de todo tipo. Las de Allas Sea Pool tienen una piscina exterior de agua caliente, alternativa al chapuzón helador.
▌ **Paseo por el Parque Esplanadi** (www.esplanadi.fi), un lugar perfecto para observar a los locales disfrutar del sol, con sus cafés y tiendas de diseño.
▌ **Los barcos de recreo** que salen desde los muelles de Kauppatori y surcan los canales urbanos para llegar a alguna isla cercana, más allá de la turística Suomenlinna.

▌ **Una aurora boreal,** si se visita la ciudad en invierno. La posibilidad de contemplar las auroras puede regalar sensaciones mágicas en las afueras de la ciudad.
▌ **Vivir la noche en el distrito de Kallio** (www.kallio.fi), famoso por sus bares alternativos y un agradable ambiente juvenil.
▌ **Mercados navideños** (www.helsinkiexp.fi), durante el mes de diciembre, con productos artesanales, luces y comida típica finlandesa.
▌ **Meditar en Kampin kappeli** (www.kampinkappeli.fi), la capilla del silencio, un espacio público construido en 2011 para brindar a la gente momentos de paz.

▼ Kampin kappeli o capilla del silencio.

Un poco de historia

1550 Helsinki es fundada el 12 de junio por el rey Gustavo I de Suecia con el nombre de *Helsingfors*. El propósito era establecer una ciudad comercial que compitiera con Tallin, pero el crecimiento inicial fue lento debido a su ubicación poco favorable y la competencia de otras ciudades más consolidadas en el mar Báltico.

1640 La ciudad es trasladada a su ubicación actual, cerca de la desembocadura del río Vantaa, para mejorar sus condiciones comerciales y geográficas.

1710 Durante la Gran Guerra del Norte, Helsinki es devastada por una epidemia de peste bubónica que diezma a gran parte de la población.

1748 Comienza la construcción de la fortaleza de Suomenlinna (entonces llamada Sveaborg) bajo el dominio sueco. Esta obra monumental se diseñó para proteger la ciudad de posibles ataques rusos.

1808-1809 Durante la guerra finlandesa, Helsinki es ocupada por Rusia. Tras la derrota de Suecia, Finlandia pasa a ser un Gran Ducado Autónomo bajo el dominio del Imperio ruso.

1812 El zar Alejandro I traslada la capital de Finlandia de Turku a Helsinki. Este cambio impulsa el desarrollo de la ciudad, que comienza a ser rediseñada siguiendo un estilo neoclásico bajo la dirección del arquitecto Carl Ludvig Engel.

1827 Un incendio devasta Turku, consolidando a Helsinki como el centro administrativo, cultural y económico de Finlandia.

1852 Se inaugura la catedral de Helsinki, una obra maestra de la arquitectura neoclásica que se convierte en uno de los símbolos más reconocibles de la ciudad.

1860 La ciudad se conecta al sistema ferroviario con la apertura de la línea Helsinki-Hämeenlinna, lo que facilita el comercio y la comunicación.

1917 El 6 de diciembre, Finlandia declara su independencia de Rusia. Helsinki, como capital, se convierte en el epicentro del nuevo Estado finlandés.

▲ Monumento conmemorativo del 200 aniversario del encuentro en Turku en 1812 entre el emperador ruso Alejandro I y el príncipe heredero sueco Carl Johan.

1918 La Guerra Civil finlandesa estalla entre los "rojos" (progresistas) y los "blancos" (conservadores). Helsinki es un escenario crucial en este conflicto, que termina con la victoria de los blancos.

1938-1939 En el periodo previo a la Segunda Guerra Mundial, Helsinki comienza a prepararse para posibles bombardeos y conflictos.

1939-1945 Durante la Guerra de Invierno y la Guerra de Continuación, Helsinki sufre ataques aéreos soviéticos, pero gracias a un sistema de defensa aérea eficiente, los daños son relativamente menores.

► Carro de combate finlandés de la Segunda Guerra Mundial expuesto en el Museo Militar de Helsinki.

1952 Helsinki acoge los Juegos Olímpicos de Verano, marcando un hito en la historia de la ciudad. Este evento internacional impulsa la modernización de infraestructuras y la reputación global de la ciudad.

1960-1970 La ciudad experimenta un rápido crecimiento urbano debido a la industrialización y la migración desde las zonas rurales. Se desarrollan nuevos barrios residenciales y el sistema de transporte público se amplía significativamente.

1995 Finlandia se une a la Unión Europea, y Helsinki se consolida como un centro estratégico de conexión entre Europa Occidental y los países nórdicos.

1999 El compositor finlandés Jean Sibelius, nacido en 1865, es homenajeado con la inauguración del Monumento a Sibe-

▲ Escultura en homenaje a Jean Sibelius en el parque con su nombre.

lius en Helsinki, una de las principales atracciones turísticas y símbolo de la música clásica finlandesa.

2000 Helsinki es designada Capital Europea de la Cultura, lo que impulsa su escena artística y cultural.

2011 Se inaugura el restaurante Olo, que obtiene una estrella Michelin, consolidando a Helsinki como un referente gastronómico en los países nórdicos. Este logro refleja la creciente popularidad de la cocina finlandesa moderna.

2012 Se celebra el bicentenario de Helsinki como capital de Finlandia. Ese mismo año, es nombrada Capital Mundial del Diseño, destacando su influencia en la arquitectura y el diseño contemporáneo. Además, se inaugura el distrito del diseño de Helsinki, un área que reúne tiendas, estudios y galerías que promueven el diseño local.

2019 El equipo de hockey sobre hielo HIFK, uno de los clubes más destacados de Finlandia, celebra su 120 aniversario y subraya la importancia de este deporte en la identidad cultural de la ciudad.

2020-2024 Helsinki emerge como un modelo de sostenibilidad urbana y tecnología, implementando soluciones innovadoras para combatir el cambio climático y mejorar la calidad de vida de sus habitantes.

Arte y cultura

Helsinki Olímpico

En 1952, Helsinki acogió los Juegos Olímpicos de Verano que no pudo celebrar en 1940, año bélico. Estas olimpiadas marcarían la historia del deporte y la ciudad. Con 69 países y 4 955 atletas participantes, se alcanzaron numerosos récords mundiales difíciles de batir durante décadas. Destacaron proezas como las 5 medallas de oro conseguidas por el checoslovaco Emil Zátopek en atletismo, quien brilló en maratón, 5 000 y 10 000 metros. Finlandia, como anfitriona, logró 22 medallas, y se consolidó como potencia en lucha grecorromana. Los Juegos simbolizaron la recuperación tras la guerra y la modernizaron de infraestructuras. La vistosa torre del Estadio Olímpico realza aún hoy a Helsinki en el ámbito arquitectónico global.

La literatura

Será cosa del frío, o del silencio, pero en Helsinki se lee mucho. Su red de bibliotecas públicas favorece el hábito –la Biblioteca Central Oodi, inaugurada en 2018, es parada obligada incluso para quienes no sepan finés–, con un buen surtido de libros y actividades vinculadas a las letras. Aprovechando el verano, suele celebrarse la Noche de los Libros (Kirjan Yö), un evento que enaltece la literatura con lecturas públicas, charlas y actividades en diferentes puntos de la ciudad.

Poetas del presente siguen rememorando a uno de los autores más influyentes de Finlandia, Eino Leino, quien cuenta con una estatua en el Parque Esplanadi. Eino Leino (1878–1926) es conocido por su delicada poesía, que fusiona mitología finlandesa y hondos sentimientos humanos. Quizá forme junto a Elias Lönnrot (1802–1884) la base lírica de país. Aunque no nació en Helsinki, Lönnrot vivió y trabajó allí durante parte de su vida y es conocido por recopilar y escribir el Kalevala, la gran epopeya nacional finlandesa. Su obra ha influido profundamente en la formación de la identidad cultural del país.

► Escultura del poeta Eino Leino en Helsinki.

La música

Clásica, jazz, metal, electrónica. La música siempre ha encontrado acomodo en la ciudad, sea en la Academia Sibelius, en el Coro Filarmónico de Helsinki, en el Tuska Open Air Metal Festival, o en el escenario de Tavastia Club.

Musiikkitalo y la Casa de la Ópera Nacional de Finlandia son lugares a los que se les llama cariñosamente casa por melómanos y profesionales. Kaija Saariaho (1952–2023), compositora contemporánea, o el también compositor Einojuhani Rautavaara (1928–2016), dos figuras de renombre internacional nacidos en la ciudad, consiguieron lo mismo que Darude, The Rasmus o HIM en sus respectivos géneros musicales: trascender.

▼ El grupo alemán Thrash Metal Kreator durante el Festival de Metal de Helsinki en 2024.

El arte

Eclipsadas por la luz que emana de los dos grandes pintores nacionales, Pekka Halonen y Akseli Gallen-Kallela (ambos nacieron en 1865, como Sibelius), artistas menos nombradas pero muy populares entre amantes del arte se han ido abriendo paso más allá de las galerías finlandesas. Ellen Thesleff nació poco después que ellos (1869) en Helsinki, y no tardó en alcanzar reconocimiento en su país. Pasó del simbolismo al expresionismo, viajó por Francia, Italia, vio y pintó, hasta morir un año después de sufrir el atropello de un tranvía en 1954. También nacida en Helsinki y viajada, Hilda Flodin (1877-1958) dejó huella imborrable en el arte finlandés, primero desde la escultura y el grabado, para acabar volcándose en la pintura. Sus ogros de piedra custodiando el edificio Pohjola (Aleksanterinkatu 44) son muy fotografiados, hoy día.

Personajes ilustres

▌ Jean Sibelius (1865-1957)

Compositor finlandés de renombre internacional, nacido en Hämeenlinna, pero asociado estrechamente con Helsinki. Sibelius es una figura central de la música clásica finlandesa, reputado violinista y ferviente admirador de la epopeya nacional, el *Kalevala*, que le inspiró varias composiciones. Su obra más emblemática, Finlandia, le otorga el puesto más distinguido en la música nacional. Desde 2011, se conmemora cada 8 de diciembre el Día de la Bandera, que coincide con el nacimiento del compositor. Ese día también es conocido como el Día de la Música Finlandesa. En Helsinki se halla el monumento a Sibelius, en el Parque Sibelius.

▌ Alvar Aalto (1898-1976)

Famoso arquitecto y diseñador nacido en Kuortane, con destacada obra en Helsinki. Aalto es reconocido mundialmente por su estilo innovador, que fusionó la funcionalidad con la estética naturalista. Su influencia en la arquitectura moderna es inmensa, y varios de sus diseños pueden admirarse en la capital, como la Biblioteca de la Universidad de Helsinki, o su edificio más emblemático, Finlandia-talo, la sala de congresos y conciertos más célebre y preciada del país, donde se celebran alrededor de 800 eventos al año.

▶ Retrato de Alvar Aalto en los billetes de 50 markka.

Tove Jansson (1914-2001)

Escritora, ilustradora y creadora de los famosos *Moomins* (Los Mumin), nacida en Helsinki y criada en un fabuloso entorno creativo. Aunque vivió parte de su vida en otras localidades, es conocida por su relación con la ciudad. Los *Moomins* han dejado una marca significativa en la cultura popular y en el mundo de la literatura infantil. Entre sus obras literarias para adultos, la novela más popular publicada en castellano es *El libro del verano.* Otro título traducido y recomendable para amantes del arte es *Juego limpio.* Jansson también es reconocida por su faceta de pintora y muralista.

▲ Tove Jansoon.

Armi Ratia (1912-1979)

Conocida en el mundo entero por vestir, entre otras, a Jackie Kennedy, la fundadora de la empresa textil Marimekko regaló y sigue regalando color y alegría a todo el país. Armi estudió diseño textil en Helsinki, y emprendió su carrera profesional buscando aportar valor a una sociedad necesitada de optimismo allá en los años 50 del pasado siglo. Sus estampados son una parte fundamental de la historia del diseño finlandés. Unikko (amapola en finés) es uno de los diseños clásicos de Marimekko.

▼ Cartel de la marca Marimekko, fundada por Armi Ratia.

Linus Benedict Torvalds (1969)

Este ingeniero de software, nacido en Helsinki, es reconocido por iniciar y mantener el desarrollo del núcleo de Linux. Desde una edad muy temprana, mostró un gran interés por la informática, estudiando Ciencias de la Computación en la Universidad de Helsinki, donde se familiarizó con el sistema operativo UNIX. En 1991, mientras aún era estudiante, comenzó a desarrollar su propio sistema operativo como un proyecto personal. Lo llamó Linux, y lo lanzó bajo una licencia de código abierto, lo que permitió que programadores de todo el mundo contribuyeran a su desarrollo.

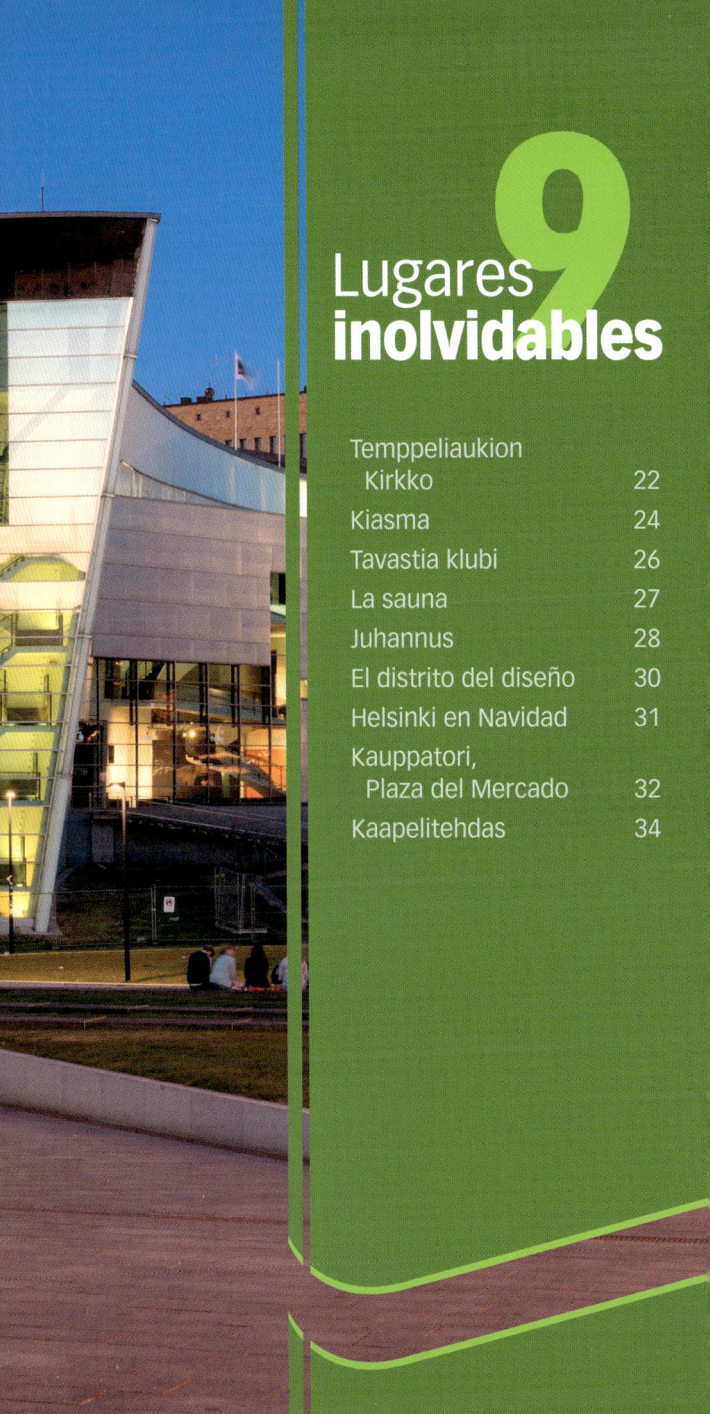

Lugares
inolvidables

9

Temppeliaukion Kirkko

Hay quien no sabe mirar más allá de las formas establecidas. Si eres de ese tipo de personas, y además tienes la curiosidad por los suelos, no te acerques a esta iglesia. Pierdes el tiempo. También hay quienes disfrutan con las comparaciones, y dicen que su entrada se parece a la del garaje de su chalé, o incluso –con guasa– la describen como "el bunker anti Satanás", que en finés es algo así como *Piruntorjuntabunkkeri*.

Info

- ⏰ 40B2
- ✉ Lutherinkatu 3, Helsinki
- 🕐 de 10 h a 16.50 h
- 💶 entrada: 8 € (menores de 18 años, gratis)
  Portadores de las tarjetas Helsinki Card, Helsinki City Pass y Finnish Museum Card entran gratis.
- 🖥 https://www.temppeliaukionkirkko.fi/

La iglesia Temppeliaukio constituye, sin embargo, uno de los espacios más visitados de la ciudad, y todo un santuario que mueve a devoción a cualquier entusiasta de la arquitectura. Precisamente por su forma extravagante, por su estructura, incluso por su magnetismo. Se ubica en el interior de una roca, en el sosegado barrio de Töölö, y además de turistas, este espacio diáfano, ovalado y excavado en roca suele reunir a la congregación luterana del barrio. O a melómanos que acuden a los diversos conciertos que en ella se celebran. Porque su acústica es envidiable.

Los hermanos Timo y Tuomo Suomalainen la proyectaron en 1961, y ocho años más tarde el templo fue construido y consagrado. La piedra podría resultar fría, pero los 180 cristales translúcidos que se interponen entre la roca y la cubierta contrarrestan dicha sensación al permitir la entrada a la cálida luz natural del exterior. La enorme cúpula del templo está adornada con un filamento de cobre de varios kilómetros de longitud que, cuanto menos, transmite cierta espiritualidad electrizante. El órgano también ayuda en las tareas de relajación, cuando suena. En verano, durante una mañana soleada, la quietud, el silencio y la combinación de elementos tales como el viento del órgano, la piedra del altar, el agua sobre las paredes hacen de la visita un momento inolvidable.

Temppeliaukion Kirkko, o la iglesia de roca –*Rock Church,* en inglés, le da un toque demasiado mundano, hasta un poco estridente–, se ha convertido en uno de los espacios que mejor transmiten las peculiaridades característicamente finlandesas a los foráneos.

▲ Detalle del órgano del Temppeliaukio.

▼ Interior de la iglesia Temppeliaukio con su órgano al fondo.

Kiasma

2

Info

Otro templo, en este caso, del arte contemporáneo. Todas las ciudades europeas que se precien están erigiendo edificios de novísima y atrevidísima envoltura, sin pensar en los porqués. Pero aquí, en Helsinki, Kiasma no desentona. Le pega, le es útil, perfecciona el cuidadoso urbanismo de la ciudad. Su forma y su fondo encajan en esta ciudad dinámica y preocupada por las tendencias artísticas y el diseño. Su edificio y cuantas exposiciones sobre el que alberga dentro complementan la visión que el turista va adquiriendo, día tras día, de la capital finlandesa.

Hace casi tres décadas que el museo Kiasma abrió sus puertas en Helsinki, ofreciendo a sus visitantes muestras de arte, teatro y actividades culturales de sugerente interpretación. Millones de personas lo han visitado desde 1998.

Kiasma –que significa punto de intersección– se encuentra situado al otro lado de la estación, detrás del edificio central de Correos (el cual también tiene un museo dedicado a la historia postal). En el llamativo edificio de este museo se organizan exposiciones temporales de fotografía, videoarte, pintura, electrónica, instalaciones, espectáculos, conciertos, etc.

El arquitecto americano Steve Holl firmó el proyecto, y según dicen, su edificio se apoya en ideas y principios básicos como la escala humana, la tradición Zen, la armonía, la simplicidad. ¿Y para qué? Pues para llenarlo con activistas del arte o simples artistas, palomitas, políticas, espacios chinos, vestidos, trenes nocturnos, cine futurista, visiones y pensamientos, gansos, experiencias wireless, densidades, fotógrafos, amores y desamores, fracturas de la vida, obsesiones, el Danubio, dados, caricaturas post-soviéticas, féminas, paisajes, maldades, vientos del Este, y otro montón de temas y conceptos expresados en todas y cada una de las formas artísticas que hoy se admiten en los museos de arte contemporáneo... Arquitectónicamente, uno de los elementos destacados es la luz, que se filtra en las salas del edificio por numerosas superficies de cristal.

Su tienda y librería también os pueden ayudar a despejar dudas e incertidumbres durante ese maravilloso momento de todo viaje dedicado a pensar en regalos, recuerdos y compras. Más información en: *www.kiasma.fi*.

Tavastia klubi

3

No lo dudes. Busca un periódico gratuito con información cultural, el *City* o visita las webs donde se anuncian los conciertos con antelación: https://musiikkitalo.fi/ y https://www.bandsintown.com.

Info

- 41C3
- Urho Kekkosen katu 4, 00100
- 9 85676601
- Capacidad: 700

El primer lugar a tener en cuenta es Tavastia, la sala de conciertos por excelencia de la ciudad, y de todo el país. Hablamos de rock, claro está. En todas sus variantes. Por Tavastia han pasado los grupos del momento llegados de cualquier lado del mundo, bandas hype o consagradas por su trayectoria, un abanico que va de cantautores a músicos experimentales, además de los djs de renombre... Es bueno echar un vistazo en Tavastia. Y lo mejor es que los responsables de la sala no cierran las puertas de los camerinos a bandas locales, emergentes o novatas. Tienen su espacio y sus conciertos, y si no, les reservan la sala *Semifinal,* sin que por ello baje la intensidad y el talante rockero entre el público. Finlandia aporta una de las corrientes más importantes y más vanguardistas de la música rock del siglo XXI. Basta escuchar el catálogo de *Fonal Records*, o los de *Lal Lal Lal* y *Svart Records* (sellos de prestigio internacional por su rabiosa experimentación y atrevimiento) para darse cuenta de la seriedad con la que se toman aquí las cuestiones musicales. Y Tavastia está más que a la altura de dicha actitud musical. Busca ese periódico, busca esa sala. Para tener más información: *www.tavastiaklubi.fi*

La sauna

Ya sabéis que en Finlandia la sauna es mucho más que una simple tradición. Si no tenéis amigos en Helsinki que os lleven a una, si la de vuestro hotel no os acaba de convencer, podéis probar una de las pocas saunas de leña que llevan colgadas la etiqueta de "auténticas".

4

Está en el barrio de Kallio, muy cerca del metro Sörnäinen. Hace años le dieron un lavado de cara, le hicieron un *lifting,* pues la sauna de Kotiharju abrió sus puertas allá por 1928. Habrá quien afirme que el establecimiento sigue pareciendo anticuado, pero hoy es uno de los mejores lugares para probar la experiencia de sudar en reposo. Entre los expertos, no hay duda. La sauna de leña está a años luz de las eléctricas. Fijaos en todos los detalles del establecimiento, desde la recepción hasta los calderos de agua o la *vihta*. Y fijaos en la clientela. La gente local, los estudiantes, el anfitrión, los habituales son quienes otorgan a Kotiharju esa atmósfera tan genuina, tan solapada al espíritu que calienta las verdaderas saunas finlandesas. Desde luego, hay otras saunas, algunas incluso de reputación insuperable, como la famosa Sauna Löyly, junto al mar. Pero si la sauna es una tradición, y el abedul es su mejor leña, en esta encontraréis algo más que calor a la finlandesa.

Kotiharjun Sauna Oy, Harjutorinkatu 1, 00500 Helsinki. Telf. 358 9753 1535. Abierta de martes a domingo. Web: *www.kotiharjunsauna.fi*

Juhannus

La fiesta del verano, San Juan o *Juhannus,* paraliza la ciudad. Y el país. En Helsinki, la gente que puede se va al campo, al pueblo de la familia, a la segunda residencia, a los resorts rurales, a las cabañas de los lagos...

5

Al llegar el solsticio de verano, en la noche de San Juan, Juhannus se convierte en una fiesta donde se organizan hogueras para celebrar la noche más corta del año. Es una noche para dar la bienvenida al verano y disfrutar al aire libre, del perpetuo crepúsculo de las últimas semanas de junio, ese atardecer que el sol de medianoche estira casi infinitamente sobre la línea del horizonte. Esa sensación de un día infinito.

Juhannus significa Naturaleza, verano, purificación, noche, hoguera y borrachera. Todo junto y mezclado por obra y gracia del solsticio. El año que llueve durante esa noche mágica suele morirse menos gente en Finlandia. Sí. La lluvia ahuyenta las ganas de lanzarse al lago, también de remar hacia las hogueras flotantes *(kokko)* para azuzar el fuego. Y por tanto, desciende el número de personas ahogadas. De borrachos ahogados al caerse mientras hacen equilibrios en lugares inverosímiles, orinan en el lago o hacen ambas cosas a la vez. De los amigos borrachos que se lanzan al agua a rescatar al ahogado, y que también acaban ahogándose. Y de los conductores borrachos que se estampan contra los árboles de los arcenes.

Todos los años se ven escenas parecidas a lo largo y ancho del país durante la noche de Juhannus. Y se contabilizan las víctimas como acostumbramos a hacer nosotros en los puentes y operaciones salida.

En Helsinki, quienes se quedan haciendo el urbanita suelen comportarse con menos desenfreno. Acuden a la isla vecina de Seurasaari antes de la medianoche, y disfrutan entre amigos y entre copas del programa tradicional que se organiza alrededor de las hogueras, adornado con acordeones y polkas.

Juhannus se celebra anualmente el sábado que queda enmarcado entre los días 20 y 26 de junio. ¿Y por qué ondean tantas banderas de Finlandia? Pues sencillamente porque también es el día de la bandera. La tradición manda izarlas a las 6 de la tarde y bajarlas a las 9 del día siguiente. ¡Feliz Juhannus!

El distrito del diseño

6

Si estás a la última y conoces cuáles son las tendencias en boga, el rumbo del diseño y la parafernalia de la moda, sabrás que Helsinki tiene el barrio dedicado al diseño más fresco, más *cool*, de cuantos se pueden encontrar en Europa.

Todo gira en torno al **Design Forum** (Erottajankatu 7, www.designforum.fi), una institución dedicada en cuerpo y alma a avivar la llama del diseño finlandés en la ciudad.

El barrio del diseño se traza a partir de calles como Uudenmaankatu, Fredrikinkatu, Esplanadi, aunque cada año se extiende más y más. Ahora ya ocupa 25 calles, y sus 200 establecimientos no escatiman detalle a la hora de venderse adecuadamente. Ropa, antigüedades, galerías, restaurantes, joyas, complementos, perfumes, interiorismo, todo cuanto sea susceptible de tener nueva forma, color, olor o sabor es bien recibido en estas calles. Porque como ellos mismos dicen, el distrito del diseño de Helsinki es un barrio, pero también un estado de ánimo.

Solicita un plano del barrio entre sus comercios, y conoce todas las actividades y la agenda de cada temporada en *www.designdistrict.fi*.

Helsinki en Navidad

Los países nórdicos, escandinavos, adoptan año tras año el papel requetesabido de lugares idílicos para celebrar una blanca Navidad.

Ellos mismos se publicitan con estampas fabulosas donde disfrutar del frío invierno. Finlandia y la nieve, Finlandia y Santa Claus, Finlandia y los trineos arrastrados por renos...

Es cierto que las fiestas navideñas son tomadas muy en serio por los finlandeses. Tan en serio que ya en el mes de noviembre se respira ese espíritu navideño en las aceras de Helsinki. Los adornos en las calles y escaparates comerciales aparecen cada vez más pronto, y con más fuerza, con más brillo, con más señuelos. Villancicos y sonrisas se confunden con promociones y despilfarros en los pasillos de los cálidos centros comerciales de Helsinki. Llega la Navidad y todo el mundo es un poco más alegre, más consumista y mucho más tradicional cuando sale de compras. ¿Dónde están las luces? Esplanade, Aleksanterinkatu y todas las calles colindantes, Mikonkatu, Kluuvikatu, Sofiankatu y Katariinankatu suelen disputarse protagonismo decorativo.

▲ Dos escenas navideñas en las calles de Helsinki.

En casa, lo normal es recibir a los amigos y familiares como manda la costumbre. Y eso aquí significa sauna y ofrecer unos vasos de *glögi*. ¿Qué es el glögi? Es un vino caliente, una bebida típicamente navideña que combina el vino con algo de licor de bayas con algo de azúcar, canela, clavo y mondas de naranja. Hay quien también añade un chorro de vodka. Se sirve caliente y acompañado por almendras y uvas pasas. En toda casa que se precie de ser hogar navideño sirven *glögi*. Si no conseguís entrar en ninguno de esos hogares, podéis acudir a los establecimientos donde sirven o venden alcohol y comprar directamente esa Navidad. Eso sí, tendréis que calentarla vosotros.

Kauppatori, Plaza del Mercado

No te sorprendas, ocurre todos los primeros viernes de cada mes. En Kauppatori (la gran plaza del mercado) se concentran los aficionados a los coches americanos, esos cochazos estadounidenses de película. Allí enseñan sus máquinas y envidian en silencio las colosales carrocerías de sus colegas.

Info

🕐 41C3

En Helsinki, en general, todo acto digno de ser recordado ocurre en Kauppatori. La plaza es grande, céntrica y popular. Que esté junto al puerto de pasajeros no hace sino incrementar el número de transeúntes que pasan por ella. Ni siquiera la inclemente climatología impide que los tenderetes desplieguen productos propios de la tierra, flores, souvenirs, cacharros viejos, baratijas...

Nunca falta un puesto de café, ni tampoco de comida. Desde el siglo XVII acoge a los mercaderes de

la ciudad. Y todo el mundo sabe que aquí se celebra anualmente la feria del arenque, *Silakkamarkkinat* (la principal feria de la plaza, a principios de octubre), el acontecimiento más antiguo de Finlandia que tiene lugar desde 1743.

Si tienes que hacer tiempo hasta que salga tu próximo ferry, hazlo en Kauppatori. No llegarás a aburrirte durante tu espera viendo el trasiego de la gente en la calle.

Los estudiantes acuden a la fuente a saludar a *Havis-Amanda,* y la visten de carnaval. Y le colocan su gorra blanca universitaria. Y la licencian todos los años, cada 30 de abril. Lo hacen como inicio de la **fiesta de Vappu,** y su algarabía enlaza con la celebración del 1 de mayo, la fiesta del trabajador. Y esa mezcla festiva, obrera y estudiantil, se produce en Kauppatori, la plaza del mercado, un lugar ineludible de Helsinki.

▼ Animado ambiente durante todo el año en Kauppatori.

Kaapelitehdas

Esta vieja fábrica de cables de la parte oeste de la ciudad es a la cultura del siglo XXI lo que el pueblo de Nokia a la telefonía móvil: una referencia con su singular historia detrás.

La comparación tiene sentido. Nadie podría imaginar allá por 1912 que aquel taller tecnológico iba a convertirse en una empresa internacional de la electricidad, la telegrafía y la telefonía. Y mucho

Info

- 40D1
- Kaapeliaukio 3, 00180
- info@kaapeli.com
- 09 4763 8300
- Diario, de 9 h a 21 h
- dependiendo de la sala o la exposición, puede variar, desde entrada gratuita a los 16 €.
- Ruoholahti (600 m)
- línea 8 (parada Kaapelitehdas)
- líneas 21, 21N, 22, 26, 112N (parada Salmisaari)

menos que su gran factoría iba a terminar albergando, un siglo después, el mayor centro cultural de Helsinki. Nada más y nada menos que 5 ha de cultura.

En 1954, cuando la gigantesca mole de ladrillo fue terminada (su promotor, el señor Verner Weckman, campeón olímpico de lucha libre en Londres 1908, ordenó que se construyera en la azotea un gimnasio para que los obreros practicaran dicha disciplina), dicho espacio se convirtió en el edificio más grande de Finlandia. Eran tiempos de reconstrucción y desarrollo. Aquella fábrica de cables transoceánicos se cruzó en 1967 con *Nokia Oy,* una empresa maderera. Fue así como surgió *Nokia Kaapeli,* y en la década de los 80, la electrónica, los sistemas de comunicación y las comunicaciones fueron transformando la vieja fábrica en un espacio industrial de alto desarrollo tecnológico. El sitio no se quedó pequeño, pero sí algo obsoleto.

Así, en 1987, el Ayuntamiento de Helsinki y Nokia se pusieron a pensar en la mejor de las reconversiones para dicho lugar. Y a principios de los 90 fue cuando se materializó la decisión de transformar la vieja fábrica de cables en un centro de arte nuevo y autónomo que congregara a aficionados

◄ Interior de las instalaciones recuperadas del Kaapelitehdas, con un marcado estilo industrial que recuerda sus orígenes.

al teatro, las bellas artes, la música, los festivales y ferias culturales. Además, sus talleres y centros de enseñanza, los cafés y museos, la estación de radio, los estudios y locales de ensayo han ido aportando frescura y dinamismo a la institución cultural.

Kaapelitehdas forma parte de la institución TransEuropeHalles, y su programa de actividades la convierte, al igual que a todo el barrio de Ruoholahti, en un foco de interés para cualquier vecino y visitante de Helsinki. El edificio Dance House Helsinki que resalta junto a Kaapeli –dedicado a la danza y otras artes vivas– abrió sus puertas en 2022. Además, el centro cultural del barrio de Suvilahti también lo gestiona Kaapeli. También es conocido por grandes eventos públicos y festivales. Para más información se puede consultar la página: *www.kaapelitehdas.fi*.

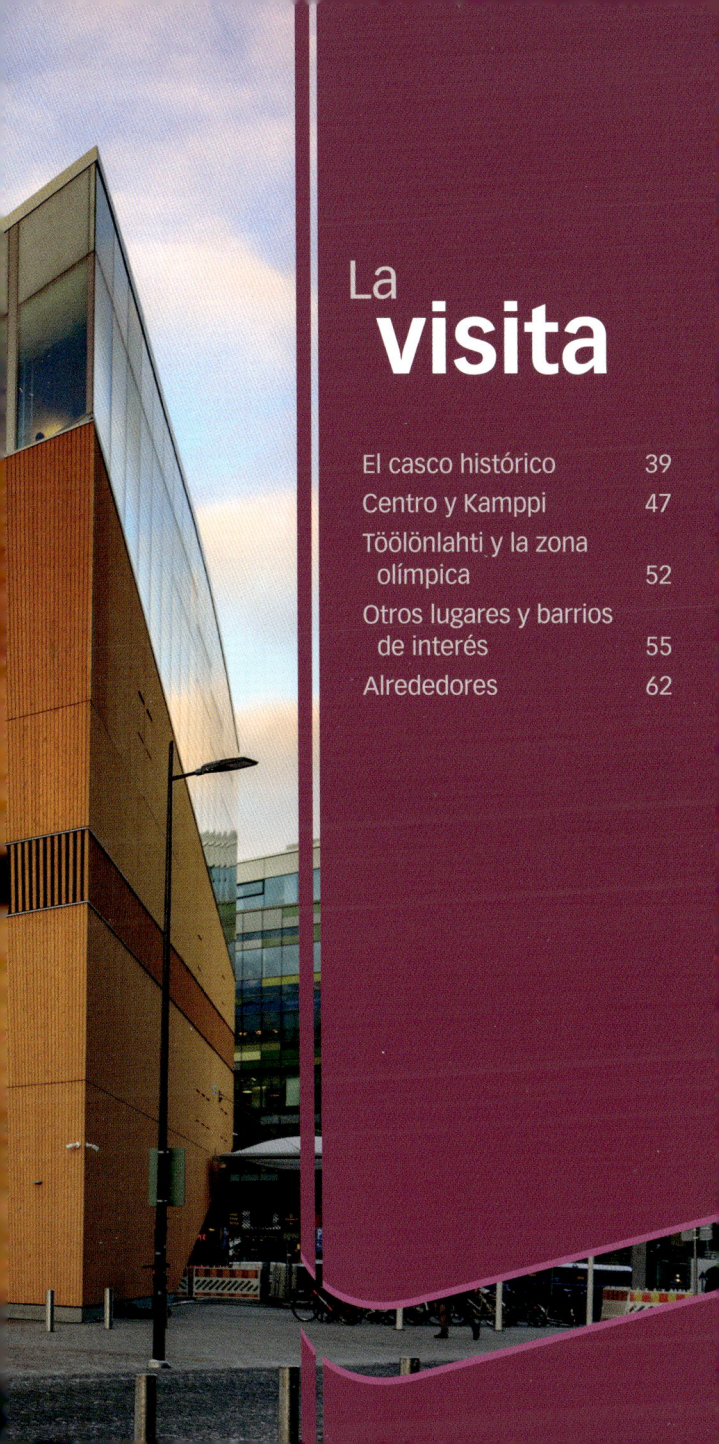

La
visita

Barrios
de Helsinki

El casco histórico se congrega en torno a la plaza del Senado y la del Mercado, Kauppatori, frente al puerto del este. Desde ahí, un paseo arbolado flanqueado por tiendas, Esplanadi, conduce al actual centro urbano, el que gira alrededor a la estación de tren y los centros comerciales. El barrio vecino, Kamppi, da paso a la zona verde y a la playa de Hietaniemi. Al norte de la playa, pasado el monumento a Sibelius, el barrio de Töölö introduce a la zona Olímpica. En dirección contraria, al sur, se accede a Ruoholahti y la zona industrial recuperada para el ocio y la vivienda. Al este de dicha zona, el distrito del diseño ocupando las calles de Punavuori. Desde aquí, un paseo entre las viviendas del siglo pasado conduce al extremo sur, al parque de Kaivopuisto, desde donde parece que las islas de Suomenlinna se pueden alcanzar a nado.

▎El casco histórico

¿Sabías que...?

El mayor índice mundial de cabezas rubias naturales está en estas tierras. Hay un 80 por ciento de rubios, aunque va decreciendo. Se dice que la última persona rubia natural nacerá en Finlandia.

El desenfadado estilo de vida nórdico y la amabilidad de sus habitantes hacen que sea fácil enamorarse de esta ciudad del norte: ¡la capital del país más feliz del mundo!

Paseando por este cuadrante urbano, no resulta fácil imaginar los primeros espacios llamados ciudad, allá en el siglo XVI. Pero si en algún lugar hay que situarlos, sería aquí. Lo que hoy se aprecia es época y estilo de zares, de esplendor y de clasicismo. Es época de reconstrucción decimonónica, pues los edificios previos, los que dieron origen a Helsinki, no superaron el paso de pestes, batallas ni el gran fuego del año 1827. Aunque suene pretencioso, en aquellos años se buscó imitar el urbanismo de la vecina San Petersburgo. Y, desde luego, el dominio ruso se hizo notar en gustos arquitectónicos.

▎PLAZA DEL SENADO ★★★

La **Senaatintori** puede considerarse el espacio neoclásico más representativo de cuantos llegó a proyectar C.L. Engel en Finlandia. La plaza, y los edificios que la rodean se construyeron en la primera mitad del siglo XIX. Antes, apenas unas cuantas casas y los campos de pasto para los caballos de los monarcas suecos ocupaban los terrenos aleda-

🕓 41C3

▼ Catedral de Helsinki en la plaza del Senado.

HELSINKI

Meilahden puisto

Seurasaarentie / Föli svägen

Meilahti Triangle Hospital

Reijolank.

Eläintarh

Kansaneläkelaitos

Olympiastadion

Talvipu

Stenbäckinkatu

Merikannontie

Linnankoskenk.

Nordenskiöldin aukio

Topeliuksentie

Mannerheimintie

Mannerheimvägen

Mannerheimvägen / Mannerheim Helsin

Töölön kisahalli

Humallahti / Hummelviken

Sibeliuksen puisto / Sibeliusparken

Mechelininkatu

Taka - Töölö Bortre Tölö

Merikannontie

Rajasaari / Råholmen

Merikantovägen

Töölön kirkko

Runeberginkatu

Pohjoinen Hesperiankatu

Hesperiankatu

A

B

Taivalluoto / Edesgrundet

Etelänen

Caloniuk

Runeberginkatu

Runeberginkatu

Kansallismu

Museokatu

Seurasaarenselkä / Fölisöfjärden

Temppeliaukion kirkko

Edus

Hietaniemenkatu

Kauppakorkeakoulu

Tai

Eläinmuse

Ourit / Örarna

Mechelingatan

A r k a d i a n

Runeberg

Fee

Lapinlahti / Lappviken

P. Rautatiekatu

Mälminkatu

C

Lapinlahden silta

Länsiväylä / Västerleden

Lapinrinne

Ruohola hdenkatu

Grasviksg.

Ruoholahden silta

Porkkalankatu / Porkalag.

Eerikin katu

Hietalahdenkatu

Itämerenkatu / Östersjögatan

Ⓜ RUOHOLAHTI

Kalevan

Lönnrot kin

Hie lahdent

Lauttasaarentie

Lauttasaaren silta

Kaapelitehdas

Lauttasaari / Drumsö

Lauttasaarenselkä / Drumsöfjärden

Länsisatama / Västra hamnen

Hietalahti / Sandviken

D

Lenininpuisto

Kulttturitalo

Alppiharju / Åshöjden

Helsingegatan

SÖRNAINEN Ⓜ

Lautatarhank.

Helsinginkatu

Wallininkatu

Eläintarhant./Djurgårdsv

ingegatan

Iglesia de Kallio

Agricolankatu

Sörnäisten rantatie

Sörnäinen / Sörnäs

A

Kaupunginteatteri

Siltasaarenkatu

Haapaniemen

Ⓜ HAKANIEMI

Eläintarhanlahti / Djurgårdsviken

Kauppahalli

Näkinsilta

ia talo

Hakaniementori

Hagnäskajen

Hakaniemenranta

Siltavuoren-salmi

Hakaniemen silta

nginmuseo

Kaisaniemenranta

Pitkäsilta

Siltavuorenranta

Sörnäisten satama / Sörnäs ham

B

Kaisaniemi

Uudenmaankatu

Kristianink.

Sotamuseo

Pohjoisranta/Norra

Suomen Kansallis-teatteri

Liisankatu/Elisabetgatan

Snellmaninkatu

Mariankatu Marieg.

Tervasaari / Tjärholmen

Rautatieasema

Fabianinkatu

Kaisaniemenkatu

Pohjoissatama / Norra hamnen

Posti

Rautatien-toria

Bibliotheca Nacional

Kirkkokatu/Kyrkogatan

Tuomiokirkko

ATIENTOTI

Ⓜ Kaivokatu

Ateneum

Mannerheimvägen

Universidad

Hallituskatu / Regeringsg.

Senaatintori

Valtioneuvosto

Laivastokatu

Maringatan

Capilla del Silencio

Keskuskatu

Aleksanterinkatu / Alexandersgatan

Sederholm

Catedral de Uspenski

Katajanokka / Skatudden

Merikasarminkatu

Amos Anderson Taidemuseo

Ayuntamiento

Presidentinlinna

Kanavakatu

vataiteen

Ruotsalainen teatteri

Kappeli

Kauppatori

Katajanokanranta

Erottaja

Eteläesplanadi

/Fabiansgatan

Etelä-ranta

Kanälgatan

Vanha kirkko

Yrjönkatu

Unionsgatan

Fredrikinkatu / maakadu

Design Forum Finland

Kasarminkatu

Kauktin Kasarmi

Eteläsatama / Södra hamnen

C

Albertsgatan

Ratakatu

Design Museum

Saksalainen kirkko

uoren katu

Arkkitehtuurimuseo

Korkeavuorenk.

Johanneksen kirkko

Kaserningatan

Tähtitorni

Olympia-terminaali

Valkosaari / Blekholmen

Mikael Agricolan kirkko

Laivasillankatu

Lähetysmuseo

Ryssänsaari / Ryssholmen

Sepänkatu

Lauvrikatu

Vuorimiehenku /Bergmansgatan

Cygnaeuksen galleria

Luoto / Klippan

ntaankatu / Fabriksgatan

Mannerheim museo

Pietarinkatu

D

3

4

▼ Interior de la Biblioteca Nacional.

ños del lugar (es la zona conocida como Kruununhaka). Una estatua en memoria del zar Alejandro II (realizada por el escultor W. Runeberg en 1884) domina la plaza, que aún parece mayor gracias a la imponente escalinata que asciende hasta **Tuomiokirkko (catedral).**

Este gran templo luterano de cúpulas verdes está consagrado a San Nicolás, y fue terminado en 1852. Llaman la atención las columnas clásicas que recuerdan a los templos antiguos. En cada uno de sus cuatro lados, la catedral dispone de una pronaos de seis columnas. Las figuras de las cubiertas representan a los doce apóstoles.

Otros edificios rimbombantes de Senaatintori proyectados por Engel son el que acoge a la **Biblioteca Nacional** (1845), a la izquierda de la catedral; el de la **Universidad** (1828-1832), y el que acogía al Consejo de Estado, a izquierda y derecha, respectivamente, de las escalinatas. El segundo sirve hoy de **Presidencia del Gobierno y Ministerio de Asuntos Exteriores,** y comparte esquina con el edificio de piedra más antiguo de la ciudad, la **Casa Sederholm,** de 1757. Perteneció originalmente a un ávido empresario local, Johan Sederholm, y hoy acoge el Museo Ciudad de los Niños, que junto al aledaño Museo Municipal sirve para conocer la historia doméstica de la ciudad. La colección se centra en la vida diaria de los ciudadanos de Hel-

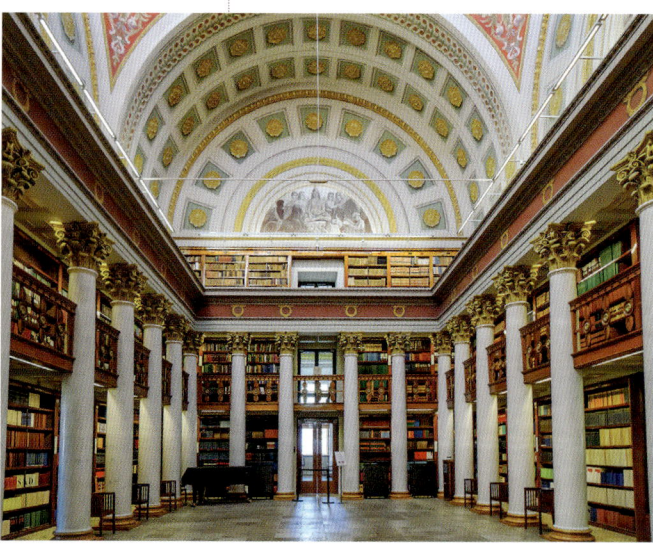

sinki y sus experiencias personales. Está repartida en cuatro pisos alrededor de tres acogedores patios interiores.

Saliendo hacia el puerto por las calles de la plaza, al sur de la catedral, se llega a otra zona antigua que Engel recuperó para igualar estilos. Son las manzanas que rodean al **Ayuntamiento**. La calle Sofiankatu es bocacalle del propio consistorio (Kaupungintalo), edificio neoclásico que construyó Engel en 1833, mirando hacia el puerto ante la gran plaza del mercado o **Kauppatori** (▶32).

Esta plaza es el espacio reservado para la multitud de tenderetes que cada día del año (salvo los domingos de invierno) despliegan sus lonas y su variedad de olores, colores y sabores. Es en esta parte del puerto donde atracan las barcas que conectan con la isla de Suomenlinna. Desde los muelles se puede distinguir el viejo mercado de abastos, que hoy es un precioso espacio reservado a las *delicatessen* finlandesas.

El mercado al aire libre se extiende por Pohjoisesplanadi hacia el **Presidentinlinna (Palacio Presidencial)** –¿se puede estar más cerca del pueblo?–, que tras su primer acabado fue reformado por Engel para convertirlo en residencia de los zares. Con la independencia del país, el edificio acogió a los gobernantes finlandeses. La otra iglesia llamativa y grande se vislumbra desde este palacio.

Ayuntamiento
🕐 41C3
✉ Pohjoisesplanadi 11-13

Kauppatori
🕐 41C3-4

Palacio Presidencial
🕐 41C4
✉ Mariankatu 2
🏠 www.presidentti.fi/
presidentin-toimi/virka-
asunnot/presidentinlinna/

▼ Fachada de la
Universidad.

⏱ 41C4
✉ Pormestarinrinne 1
🏠 www.hos.fi/kirkot/
uspenskin-katedraali/

▮ CATEDRAL DE USPENSKI ★★

Es el templo de Hensinkin, de 1868, de ladrillo rojo y cúpulas doradas que representan llamas. Constituye el templo ortodoxo más grande de Europa occidental. Esta catedral da la bienvenida al **barrio de Katajano- kka,** una antigua zona residencial de pescadores y marinos con bonitas casas de estilo Jugendstil.

Volviendo a la plaza del mercado, en el otro extremo se distingue una **fuente** entendida como el símbolo de Helsinki, con una escultura dedicada a *Havis Amanda,* "la muchacha del mar, vigiladas por focas". La diseñó Ville Vallaren en 1906.

Esta fuente permite adentrarse en zonas más nuevas de la ciudad a través de un paseo ajardinado, el **paseo Esplanadi,** el lugar favorito de los vecinos de Helsinki cuando llega el verano. El sol suele ser generoso en los meses de junio y julio, y la gente no duda en extender una toalla y tumbarse a leer o charlar en grupo, tomar el sol, beber algo y pasar la tarde en los jardines verdes del paseo.

▲ Catedral de Uspenski.

SAUNAS FILANDESAS

La sauna finlandesa es algo más que un habitáculo de madera lleno de aire seco y caliente. Es toda una institución, un orgullo, un pilar en el que se sostiene la cultura popular. Es la palabra de origen finés más conocida en el mundo. Existen más de dos millones de saunas en el país.

Todo finlandés tiene su momento de sauna. El Primer Ministro tiene su sauna, igual que la casa presidencial, igual que las grandes compañías y firmas empresariales. El ejército se lleva una sauna de campaña incluso a las operaciones del desierto. Antiguamente, las saunas eran foros públicos donde reunirse y mantener unida a la comunidad. Incluso servían de paritorios (en ese caso, no las encendían) o de consultorios médicos. La higiene, por supuesto, era su principal finalidad. Hoy, toda casa que se precie cuenta con una sauna para uso personal y para invitar a los huéspedes. Hoteles y algunos restaurantes también disponen de ellas para sus clientes. E incluso las grandes ciudades aún conservan saunas públicas.

Hay saunas con horarios para hombres y para mujeres, aunque en una familia, o entre amigos, no es raro disfrutar en compañía mixta. Recomiendan no comer ni beber alcohol justo antes de entrar. Los cambios de temperatura son demasiado fuertes. Una ducha previa, una toallita de papel para sentarse en el caluroso banco de madera, una vihta (rama de abedul que remojada en agua sirve para azotarse y dar ambiente fresco al habitáculo) y a sudar. Y a charlar. Y a relajarse.

La temperatura

La temperatura ideal para una persona no iniciada no superará los 80 ºC, aunque hay finlandeses que no disfrutan sin alcanzar los 100 ºC. No conviene abusar. Cada vez que alguien eche un cazo de agua sobre el montón de piedras con las que se crea el vapor, aumentará la temperatura ambiente. Cuando se crea oportuno (15 -20 minutos), hay que salir directo al lago, al mar, a la nieve o a la ducha fría. Zambullida y suspiro. Y de nuevo para adentro, si así se desea. En la segunda tanda, los poros están más abiertos. Se suda más, se eliminan más toxinas, y no es necesario permanecer tanto tiempo. Todo por el bien de la circulación sanguínea, que con tanto cambio de calor y frío se activa profundamente.

🕐 41C3
✉ Eteläesplanadi 1

I KAPPELI ✱

En Esplanadi, este palacio de cristal conserva una leyenda que relaciona a un pastor, su cabaña y la posterior capilla que ocupó la morada de aquel modesto hombre. El lugar es, desde 1867, lugar de encuentro de intelectuales, artistas y gentes de buen vivir. Su restaurante da refugio a muchos turistas y vecinos de la zona.

El paseo de Esplanadi está adornado con estatuas de poetas finlandeses (Runeberg, Leino, Topelius...). Aquí se organizan muchos conciertos estivales al aire libre. Saliendo hacia el norte por Mikonkaku, en el interior de las galerías Käpm (centro comercial) se halla el Valokuvataiteen museo K1, un espacio dedicado a exposiciones de fotografía muy recomendables. Hacia el oeste, Esplanadi conduce al actual centro urbano y las zonas comerciales.

▼ Restaurante del Kappeli.

I Centro y Kamppi

Los adoquines y los raíles de los tranvías pueden dar sensación vetusta, pero se integran bien con carriles bici y asfalto al llegar a la zona urbana más cotidiana. El subsuelo en Kamppi es tan importante como la superficie. El frío empuja a los capitalinos a vivir, comprar, moverse bajo la zona de Kamppi. Este centro comercial se queda a un lado de la arteria Mannerheimintie, mientras que al otro lado, es la estación de ferrocarril la que sirve de referencia para ir en busca de museos y otros espacios visitables, también en varias alturas.

I LA CALLE MANNERHEIMINTIE

Sirve de avenida y nudo central entre los barrios del norte y la zona residencial y comercial del sur. De ella también nacen las calles que, hacia el este, conducen al casco histórico, y el paseo Esplanadi.

El centro comercial Stockmann y la estatua de los Tres Herreros, los hoteles y la estación de tren conforman el centro urbano de Helsinki. Merece la pena que os detengáis ante la **estación de tren (Rautatieasema),** erigida en granito por Eliel Saarinen hace un siglo, para admirar su poderosa torre de 48 m y a los portadores de antorchas de la entrada principal, obra de Emil Wikström.

La estación es otro emblema de la ciudad, y junto a su plaza, señalada por un monumento dedicado al padre de la dramaturgia moderna en Finlandia, Aleksis Kivi, se levanta el **Suomen Kansallisteatteri,** el teatro nacional, edificio de estilo romántico de 1902.

I ATENEUM ★★★

Enfrente, al sur de la plaza de la estación, el Ateneum decimonónico se restauró para albergar este museo de Bellas Artes que reúne lo mejor de la pintura finlandesa de los tres últimos siglos: Edelfelt, Schjerfbeck y otros, además de otras obras de arte internacional de los siglos xix y primera parte del siglo xx.

I MUSEO DE ARTE CONTEMPORÁNEO KIASMA (▶24) ★★★

En contraste con dichos lienzos, el ya asentado Museo de Arte Contemporáneo Kiasma acoge las últimas tendencias artísticas del mundo globalizado. Kiasma –que significa punto de intersección– se encuentra al otro lado de la estación, tras el edificio central de Correos (que también tiene un museo dedicado a la historia postal). En el llamativo edificio, obra de Ste-

········

⊙ 40AB2,41C3

Estación de tren
⊙ 41C3
✉ Kaivokatu 1

Suomen Kansallisteatteri
⊙ 41B3
✉ Läntinen Teatterikuja 1
🖥 www.kansallisteatteri.fi/

········

⊙ 41C3
✉ Kaivokatu 2
⊙ martes, miércoles y viernes, de 10 a 18 h, jueves hasta las 20 h, sábados y domingos de 10 h a 17 h. En verano, también lunes de 11 a 17 h
🎟 13 €
🖥 www.ateneum.fi

- 40C2
- Mannerheiminaukio 2
- domingos y martes de 10 h a 17 h, de miércoles a viernes de 10 h a 20.30 h y sábados de 10 h a 18 h
- 22 €, menores de 18 años gratis y entrada libre el primer viernes de mes
- www.kiasma.fi

ven Holl, se organizan exposiciones temporales de fotografía, videoarte, pintura, electrónica, espectáculos, conciertos, etc. Siguiendo hacia el norte por la zona peatonalizada se alcanza la Biblioteca Pública Central Oodi (Töölönlahdenkatu, 4), un edificio rectangular y ovalado recubierto de cristal, acero y madera de abeto, símbolo de la contemporaneidad finlandesa. La biblioteca con mejores vistas de la ciudad.

Cruzando la calle Mannerheimintie y saludando a la estatua ecuestre que le da nombre, la del mariscal Mannerheim, se accede a otra zona muy agitada y concurrida. En el número 22, un **palacio de Cristal** de los años 30 del siglo pasado está funcionando como refugio para medios de comunicación, y también para galerías, cines, comercios, bibliotecas, cafés y el Lasipalatsi. Los ojos de buey emergiendo del suelo o los niños verdes gigantes forman parte de la contemporaneidad urbana: otro museo de arte, el Amos Rex, bajo tierra. Esta zona recuperada para viandantes llega hasta Kamppi.

- 40C2
- Eteläinen Rautatiekatu 8
- martes de 10 h a 17.30 h, de miércoles a domingo de 11.30 h a 19 h
- 20 €, menores de 18 años gratis
- www.hamhelsinki.fi

I MUSEO DE ARTE HELSINKI (HAM) **

HAM Helsingin taidemuseo es un espacio expositivo que aprovecha una vieja pista de tenis cubierta para albergar muestras temporales de arte contemporáneo adquirido por el ayuntamiento, una colección de 10.000 piezas creada por obras de distintas disciplinas (pintura, fotografía, arte audiovisual). Buena parte de esta colección son las esculturas visibles por toda la ciudad. El núcleo del museo, la Colección

Leonard y Katarina Bäcksbacka, se encuentra en salas exclusivas en el primer piso del edificio. Además, en este pabellón se exponen permanentemente los frescos Fiesta en la ciudad y Fiesta en el campo de la célebre artista y escritora, Tove Jansson.

| EL CENTRO COMERCIAL KAMPPI   ✱

Utiliza el nombre del barrio como si necesitara reforzar su ya de por sí manifiesta presencia. Es uno de los grandes centros que ha conquistado los bolsillos y el tiempo libre de los finlandeses. Bajo el centro comercial se esconde la gran estación de autobuses. Junto al centro comercial se ubica la **Capilla del Silencio**. Construida en el año 2012, es un claro ejemplo de la destreza finlandesa en la construcción de edificios de madera y supone un oasis de paz en medio del ajetreo urbano

⊘ 41C3
⊠ Simonkatu 7
⊙ De lunes a viernes de 10 h a 17 h
🖥 Entrada gratuita.
💻 www.kampinkappeli.fi

| EL MUSEO DE BELLAS ARTES DE FINLANDIA   ✱✱✱

En el lado opuesto al centro comercial y ocupando un antiguo pabellón de tenis de 1938 que hoy cobija cines, cadenas de comida y comercios, se sitúa el Museo de Bellas Artes de Finlandia, **Helsingin Kaupungin Taidemuseo,** un lugar dedicado a exposiciones temporales de pintura, escultura y fotografía del siglo xx que se complementa con su vecino del 1º y 2º piso, **Museo de las Culturas,** un espacio dedicado a la etnografía con exposiciones muy sugerentes.

🛈 Cerrado hasta primavera de 2027 por remodelación y ampliación

◀ Plaza Lasipalatsi junto al centro comercial Kamppi.

- 41C3
- Yrjönkatu 27 A 5 krs
- miércoles de 16 h a 20 h y sábados de 11 h a 17 h
- gratuito
- www.amoshem.fi/

▼ Finlandia Talo.

- 40C2
- Nervanderinkatu 3
- martes, jueves y viernes de 11 h a 18 h, miércoles de 11 h a 20 h y sábados y domingos de 11 h a 17 h
- 10 €, menores gratis

❚ AMOS ANDERSON TAIDEMUSEO ✶✶

Cayendo más hacia el sur, se levanta otra pinacoteca bastante interesante, en este caso, privada: Amos Andersonin Taidemuseo, que abrió las puertas ya en 1965, para mostrar la colección de pintura moderna finlandesa reunida por el empresario y político Amos Anderson, apasionado del arte desde su periplo en Roma. El recorrido está salpicado por alguna adquisición italiana así como de piezas dieciochescas de arte sueco y ruso, aunque sobresalen las obras artísticas finlandesas, que incluyen otras esculturas.

A dicha muestra se le ha añadido la colección que reunió el arquitecto Sigurd Frosterus –pintura del siglo XIX y del siglo XX–, así como el legado abstracto de Birger Carlstedt.

❚ TAIDEHALLI ✶

La parte norte de este barrio limita con una serie de edificios muy llamativos. El primero es el Salón Municipal de Bellas Artes, llamado Taidehalli, de estilo neoclásico de los años 20, declarado de interés histórico cultural. En él se organizan exposiciones temporales de artistas contemporáneos.

Por encima de él se halla el **Parlamento (Eduskuntatalo),** construido también en la década de los 20 bajo influencias clasicistas. Se reconoce bien porque su frontal presenta 14 columnas corintias gigantescas. Quienes tengan mucha curiosidad, podrán visitar los plenos todos los martes y viernes.

Desde el Parlamento se puede caminar en dirección norte hacia el **Museo Nacional de Finlandia (Kansallismuseo),** un edificio de estilo Jugend, o romántico nacional (1910), de piedra y con una torre esbelta, que se ocupa de la historia y el folclore de los pueblos que habitaron territorio finlandés desde la Edad de Piedra hasta el presente.

Cruzar la calle principal significa cruzar de estilo arquitectónico de golpe. Frente al museo, entre árboles y frente a la bahía del lago Töölö, en deslumbrante color blanco, Alvar Aalto realizó una de sus últimas (1971) y más sobresalientes obras arquitectónicas, un palacio de congresos y conciertos, la Casa de Finlandia o **Finlandia Talo,** con visitas guiadas de media hora. Si no os apetece entrar, al menos rodead el edificio y admirarlo de arriba abajo. La identidad de Finlandia se concentra en lugares como este. Dentro podréis ver los apartamentos destinados a los empleados de Finlandia Hall cómo han sido renovados a su estado original y decorados respetando el estilo de Aalto, combinando lo moderno con el mobiliario original del edificio. Tiene restaurantes, bar y tienda para sumergirse en el mundo del diseño de Aalto.

I IGLESIA DE TEMPPELIAUKIO ✷✷

Antes de cambiar de barrio, todavía queda escondida una iglesia excavada en la roca. Al oeste del museo histórico, la iglesia de Temppeliaukio (▶22) se ha convertido en una visita obligada en Helsinki. El templo, por fuera, no invita a penetrar en él. Dentro, los 23 km de filamentos de cobre de su cúpula, la acústica, el granito puro y la serenidad invitan a quedarse y descansar durante un buen rato. La iglesia data de 1969, y es obra de los hermanos Timo y Tuomo Suomalainen. Su órgano de 3 000 tubos suena a menudo, y no solo cuando se celebran conciertos. Con la espiritualidad por las nubes, tras haber sido abducidos, ya podéis ir a daros un remojón en la **playa de Hietaniemi,** al oeste de la iglesia, sombreada por árboles y cubierta de césped natural. No seréis los únicos en verano. El bus 55 A vuelve a Rautatientori, la plaza de la estación de tren. En invierno merece la pena conocerla.

- - - - - - - - -

Parlamento
🕐 40B2
✉ Mannerheimintie 30
🌐 www.eduskunta.fi/

Museo Nacional de Finlandia
🕐 40B2
✉ Mannerheimintie 34
🕐 cerrado temporalmente
🌐 www.kansallismuseo.fi

Finlandia Talo
🕐 41B3
✉ Mannerheimintie 13 e
🕐 de 9 h a 18 h, cerrado domingos
🌐 www.finlandiatalo.fi/

- - - - - - - - -

🕐 40B2
✉ Lutherinkatu 3
🕐 Variable
🎟 Entrada gratuita

▼ Exterior de la iglesia de Temppeliaukio.

▌Töölönlahti y la zona olímpica

Un nuevo núcleo urbano ha ido adquiriendo importancia en los últimos años. Es Töölö, el barrio delimitado por el lago homónimo y el mar, al norte de Kamppi.

📍 40A2
✉ Helsinginkatu 58.
🎫 Venta de entradas: telf. 9 4030 2211.
🖥 oopperabaletti.fi

▌OOPPERA TALO ⋆⋆

Desde la Casa de Finlandia (el palacio de congresos de Aalto), se puede pasear por el parque que une dicho edificio con otro no menos llamativo, la Ópera Nacional, Ooppera Talo, un teatro de los años 90 integrado en la bahía del lago Töölö y que acoge espectáculos de ópera, conciertos y danza.

Siguiendo el hilo musical, se podría trazar un pentagrama hacia el otro extremo del barrio, el occidental, el que está bañado por las aguas del mar, para visitar el monumento en homenaje al compositor Jean Sibelius (1865-1957), situado en el parque del mismo nombre, en Taka-Töölö.

Sibeliuksen Puisto
📍 40A-B2
✉ Mechelininkatu 39
🖥 www.myhelsinki.fi/

Töölön kyrkko
📍 40B2
✉ Topeliuksenkatu 4
🖥 www.helsinginseurakunnat. fi/toolonkirkko.html.stx

▌SIBELIUKSEN PUISTO ⋆

Sibeliuksen puisto es un parque tranquilo, acorde con la música del homenajeado. El monumento instalado imita a los bosques finlandeses y a los órganos de iglesia gracias a sus más de 500 tubos de acero. A unos metros, el busto del compositor es fotografiado tanto o más que la obra erigida por Eila Hiltunen en los años 60.

Al sur del parque se halla **Töölön kyrkko,** una iglesia de apariencia protocristiana realizada por H. Ekelund en 1929.

Olympiastadion
📍 40A2
✉ Paavo Nurmen tie 1
🕐 entre semana de 8 h a 21 h, fines de semana de 12 h a 17 h
🎫 7,5 €
🖥 www.stadion.fi

▌LA CALLE MECHELININKATU

Si optáis por recorrer hacia el norte esta calle, antes de llegar al cruce con Mannerheimintie podéis deteneros ante otro edificio de Alvar Aalto, **Kansaneläkeilatos** (1952-56), llamativa construcción de ladrillo rojo y granito. Esta zona ya es conocida como la parte olímpica de Helsinki, y está dominada por la altísima torre del estadio.

Este bello recinto, **Olympiastadion,** acoge grandes eventos deportivos y conciertos musicales. Fue construido en la década de los 30 por Yrjö Lindegren y Torvo Jäntti, que le dieron una forma limpia y funcional. Los Juegos Olímpicos se iban a celebrar en 1940, pero finalmente tuvieron lugar en 1952 (la Segunda Guerra Mundial así lo quiso). La torre, que mide 72 m, permite admirar a vista de pájaro toda la ciudad. El estadio también alberga el **TAHTO Center,** un museo dedicado a los principales deportes y deportistas finlandeses, con objetos originales, audiovisuales y experiencias virtuales.

Los árboles que rodean al estadio camuflan otras instalaciones deportivas: piscinas, el estadio de fútbol Finnair, el Jäähalli o estadio de hielo, pistas de tenis, etc. En este complejo queda situado el **Invernadero Municipal (Talvipuutarha),** un modesto jardín botánico municipal donde se cuidan un sinfín de plantas y árboles exóticos.

No queda lejos el **parque de atracciones Linnanmäki,** que es vecino del palacio de la cultura, **Kulttuuritalo,** que proyectó Alvar Aalto a finales de los 50 del siglo xx. En él se celebran conciertos de todo tipo, además de otros eventos (consultar en www.kulttuuritalo.fi).

TAHTO Center
🕐 40A2
📱 tahto.com/

Invernadero Municipal
🕐 40A2
✉ Hammarskjöldintie 1 A
⏰ de 10 h a 16 h. Domingos cerrado
📱 www.hel.fi

Kulttuuritalo
🕐 41A3
✉ Sturenkatu 4
📱 www.kulttuuritalo.fi/

▼ Olympiastadion.

❙ Otros lugares y barrios de interés

◀ Iglesia de Kallio.

Como siempre ocurre, los barrios se transforman con el tiempo, se reinventan y despiertan el interés de visitantes o de nuevos vecinos. Es el caso de Kallio, al norte, o de Punavuori, al sur. Dos zonas que, con sus particularidades, gustarán a los espíritus urbanos más inconformistas.

❙ KALLIO   ★★

Kallio es el otro barrio septentrional de Helsinki, más vivo, más cosmopolita, más humilde, menos turístico. Se encuentra al este de las vías del tren, y lo delimitan las paradas de metro Hakaniemi y Sörnäinen. La **plaza Hakaniementori** acoge uno de los mercados más populares y añejos de la ciudad. El lado norte de la plaza está cerrado por el **Kauppahalli** o mercado cubierto, el mayor de toda Finlandia, un edificio de 1914. La planta alta se reserva para tiendas de artesanía, diseño… En invierno, muchos capitalinos se acercan a Kallio para patinar sobre hielo en una de las muchas pistas que, entre noviembre y marzo, se habilitan en la ciudad. La de **Brahen,** en Helsinginkatu 23, acepta a principiantes y expertos, y siempre tiene un chocolate caliente para después del ejercicio.

En Kallio también se ubica la llamativa iglesia parroquial de granito creada en 1912 por Lars Sonck, llamada **iglesia de Kallio** y el **Kaupunginteatteri,** el teatro municipal de los años 60 del siglo xx que invita a pasear por sus aledaños en busca de **Linnunlaulu,** la orilla oriental del pequeño lago Töölö. En este espacio exquisito se creó para celebrar la capitalidad europea de la cultura del año 2000 un jardín artístico, complemento perfecto para las mansiones y villas de madera que sirven de residencia para escritores, de nobles cafés o casas-museo.

❙ HIGH TECH CENTER DE RUOHOLAHTI

Otra zona muy interesante de Helsinki está por encima del puerto oeste, en torno al metro Ruoholahti. Desde dicha parada, un paseo entre las nuevas viviendas rescatadas de una zona portuaria e industrial y el canal marítimo os encaminará hacia el High Tech Center de Ruoholahti (2001), construcciones de acero y cristal integradas en la cultura portuaria que sirven de oficinas al tiem-

Plaza Hakaniementori
- 🕐 41B3

Kauppahalli
- 🕐 41B3
- ✉ Hämeentie 1
- 🕐 de 8 a 18 h. Domingos cerrado
- 🏠 hakaniemenkauppahalli.fi/

Iglesia de Kallio
- 🕐 41A3
- ✉ Itäinen Papinkatu 2
- 🕐 entre semana de 7 h a 21 h. Fin de samana de 9 h a 19 h
- 🏠 www.helsinginseurakunnat. fi/kallio

Kaupunginteatteri
- 🕐 41A3
- ✉ Ensi linja 2
- 🏠 hkt.fi/

¿Sabías que…?

Avantouinti es la experiencia de nadar en un agujero de un lago helado, o del mar helado. A eso se refieren cuando pronuncian dicha palabra. Tras cortar un buen bloque de hielo y formar una mini piscina, los finlandeses se dan un chapuzón corto para activarse para el resto del día. Preguntad por la palabra, y por la experiencia….

Kaapelitehdas
- 🕐 40D1
- ✉ Tallberginkatu 1
- 🌐 www.kaapelitehdas.fi

Museo de la Fotografía
- 🕐 de martes a viernes, de 11 h a 19 h, sábados y domingos hasta las 18 h
- 🎫 16 €, menores gratis

Museo de la Restauración y la Hostelería
- 🕐 de martes a viernes, de 11 h a 19 h, sábados y domingos hasta las 18 h
- 🎫 16 €, menores gratis

Arkkitehtuurimuseo
- 🕐 41D3
- ✉ Kasarmikatu 24
- 🕐 De 11 h a 18 h, salvo lunes; martes hasta las 20 h
- 🎫 20 €, 12 € estudiantes, menores de 18 gratis
- 🌐 www.mfa.fi

Design Forum Finland
- 🕐 41C3
- ✉ Annankatu 16 B 27
- 🌐 www.designforum.fi/

▲ Edificio recuperado en la zona de la Kaapelitehdas.

po que rescatan una zona olvidada de la ciudad. También allí se enmarca el **Kaapelitehdas** (▶34), antigua fábrica de cables de Nokia que hoy acoge el mayor centro cultural multidisciplinar de la ciudad y del país, donde conviven centros de danza, estudios de arquitectura y diseño, salas de ensayo con galerías de arte, el **Museo de la Fotografía,** el **Museo del Teatro** y el **Museo de la Restauración y la Hostelería,** etc.

También se organizan conciertos o festivales de música avanzada. Detrás de Kaapeli podréis admirar una obra de arte espacial de cristal, sobre el rompeolas del muelle de Tammasaari. **Kide** se hizo para conmemorar a las nueve ciudades que en el año 2000 compartieron el honor de ser capitales europeas de la cultura. Se ilumina al atardecer.

❚ PUNAVUORI Y EIRA

Los barrios meridionales de la península, Punavuori y Eira, tienen interés para aquellos que disfruten con el diseño y la arquitectura, respectivamente. Eira conserva en buen estado viviendas y edificios de arquitectura Jugendstil (modernista o liberty). Un paseo por sus calles admirando los edificios de ventanas alargadas y colores pastel os sacará de la habitual ruta turística. Sin poder evitarlo, dichos aficionados a la arquitectura deberán conocer también el vecino distrito del diseño para acercarse al **Arkkitehtuurimuseo,** museo dedicado a la arquitectura finlandesa. Aquí organizan paseos por la ciudad y visitas guiadas con paradas en los edificos de interés arquitectónico. Tiene una interesante tienda y librería especializada.

El otro barrio se ha convertido en el distrito del diseño de Helsinki gracias a sus tiendas, boutiques, galerías y espacios creativos, que giran en torno a **Design Forum Finland,** el **Museo de Arte Sinebrychoff,** especializado en arte del siglo XVII y XVIII, y el **Design Museum**. En este último espacio tienen cabida las propuestas más contemporáneas del diseño, su historia, su desarrollo. Con más de 35 000 piezas y 100 000 imágenes, es un lugar estéticamente completo.

En el extremo sur de la ciudad, **Kaivopuisto** ha llegado a constituir el parque más antiguo y querido de la ciudad. Está rodeado por mansiones y embajadas, y desde algunos rincones se puede disfrutar de una bonita vista del litoral capitalino.

Museo de Arte Sinebrychoff
- 🕐 40-41D2-3
- ✉ Bulevardi 40
- 💶 20 €, 12 € y gratuita
- 🌐 sinebrychoffintaidemuseo.fi/

Design Museum
- 🕐 41D3
- ✉ Korkeavuorenkatu 23
- 💶 20 €, 12 € y gratuita
- 🌐 www.designmuseum.fi

▼ Museo del Diseño.

I SEURASAARI

Para entrar a la isla Seurasaari hay que cruzar un vistoso puente de madera que la une a la ciudad. Esta isla está ubicada frente al barrio Töölö y la playa Hietaniemi, y en ella se despliega un museo al aire libre, el **Ulkomuseo,** en el que se puede conocer la cultura y el modo de vida de los finlandeses en sus diferentes regiones y ámbitos, siempre en contacto con la Naturaleza y sus recursos.

Las cabañas tradicionales y construcciones de madera datan del siglo XVIII, y entre ellas sobresale la **iglesia de Karuna** (1685), la favorita de muchas parejas de novios cuando deciden contraer matrimonio. En las cabañas se reproducen escenas cotidianas del campo, y durante la noche de San Juan, Seurasaari es el destino de cuantos quedan en la ciudad para encender la hoguera y bailar y beber en torno a ella. Además del museo, hay una playa nudista, un restaurante de verano, una zona de juegos tradicionales y otra de festejos. El autobús 24 lleva a la isla desde el Teatro Sueco (Pohjoisesplanadi 2).

Ulkomuseo
- 🕐 F.p.
- ✉ Erottajankatu 7
- 🕐 En verano de 11 a 17 h
- 💶 13,90 € y gratis
- 🌐 www.kansallismuseo.fi

⏱ F.p.

Museo militar
⏱ de 10 h a 18 h en verano
y de 10.30 h a 17 h de
octubre a abril
🎫 11 €, niños 4 €

▮ SUOMENLINNA

Los muelles de Kauppatori (la plaza del mercado) son los puntos de llegada y partida de las barcas de Suomenlinna (en verano, cada 20 minutos; en invierno, cada hora). Estas islas del sur de Helsinki están catalogadas como Patrimonio de la Humanidad de la Unesco desde 1991. Algunas están comunicadas por puentes y constituyen una fortaleza marina en la que apenas viven 800 habitantes. El paseo por Suomenlinna, visitando la fortaleza, los museos y otros lugares estratégicos ocupa media jornada como mínimo.

La primera parada tras desembarcar en el muelle de **Susisaari** (los barcos de HKL atracan en el norte de la isla Iso Mustasaari) tiene que hacerse en el Centro de Información, que conecta las dos islas más importantes y donde podréis conseguir mapas detallados con los recorridos y puntos de interés. Este centro organiza visitas guiadas y además dispone de un **museo militar** en el que se puede conocer la historia de las islas desde el siglo XVIII, cuando el lugar era conocido como Viapori ("Sveaborg" en sueco), poniendo especial atención en la construcción de la fortaleza y la vida cotidiana de la guarnición militar creada por el almirante sueco Ehrensvärd en 1748.

Esta fortaleza servía de base naval y vigilancia contra la armada rusa, y los suecos llegaron a creer que era infranqueable. Pero en 1808 ocurrió lo inesperado. Los suecos tuvieron que rendirse,

▲ Submarino Vesikko.

◄ Fortaleza de Suomenlinna.

sin apenas escuchar los cañonazos enemigos, y la fortaleza pasó a ser feudo ruso. Medio siglo después, en la guerra de Crimea (1855), sí que probó el fuego anglofrancés. Los daños fueron notorios, pero la fortaleza siguió cumpliendo su función militar hasta bien entrado el siglo xx.

No lejos del centro se halla la tumba del mariscal Ehrensvärd (1807), así como su casa, que hoy sirve de **museo**, que reproduce la ambientación de la casa de los comandantes de la base. También merece la pena echar un vistazo en el palacete de la comandancia rusa, de estilo neorrenacentista (1882), así como en los cuarteles militares y el dique seco donde se reparaban y armaban los barcos.

Paseando por la isla, entre cañones y bastiones, podréis disfrutar de la quietud del paisaje y el mar. En el lado oriental de la isla principal, Susisaari, el **submarino Vesikko** hace las veces de museo. Este pequeño submarino de unas 250 toneladas se construyó en 1933 en Turku, y participó en la Segunda Guerra Mundial del lado alemán. Quienes no sufráis claustrofobia podréis conocer su interior e imaginar la vida dentro de él. Solo se visita en verano.

Al sur, la puerta principal de la fortaleza es conocida como Puerta del Rey (1774-1776). Hay otros museos militares en las islas, otro dedicado a los juguetes antiguos, y otro a las Aduanas. Mucha gente, sin embargo, prefiere deambular por los senderos de las islas, disfrutar de las zonas habilitadas para paseo o hacerse fotos al aire libre.

▼ Soldado finlandes de la Segunda Guerra Mundial en el Museo Militar.

LOS HERMANOS KAURISMAKI

El apellido Kaurismaki es sinónimo de cine en Finlandia. Desde la década de los años 80, más de una quinta parte de las producciones cinematográficas nacionales están ligadas directa o indirectamente a los hermanos Kaurismaki. En el mundo del cine, ellos son Finlandia.

Mika y Aki comenzaron juntos a realizar películas. Para ello crearon su propia productora: Villealfa Filmproductions (en homenaje a la película de Jean Luc Godard, *Alphaville,* solo que al revés), compañía cinematográfica de bajo presupuesto que, sin embargo, pronto se alzaría como una de las más importantes del país.

El hermano mayor, Mika, renunció a su trabajo como pintor de casas para dedicarse al cine. Aki también optó por dejar de lado trabajillos como el de cartero, lavaplatos o crítico de cine para volcarse en las películas. Aunque Aki ha conseguido mayor repercusión internacional, la carrera de su hermano es igual de prolífica e interesante.

Además de sus *road-movies,* sus películas de acción o sus documentales brasileños, Mika produjo el primer largometraje de Aki *(Rikos ja rangaistus),* gestó el ya célebre Midnight Sun Film Festival (la primera edición se remonta a 1986), creó la distribuidora Senso Films y abrió los cines Andorra en Helsinki. Entre los trabajos más conocidos de Mika destacan *Colgados en Los Ángeles* (1998), con July Delpy, Vincent Gallo y Johnny Depp; *Honey Baby* (2003) o los documentales *Triguero* (1994, con Jim Jarmusch y Sam Fuller) o *Brasileirinho* (2005). Sus últimos trabajos han sido

▼ Fotograma de *Fallen Leaves.*

◄ Fotograma de *Fallen Leaves*.

Brothers (Veljekset) (2012), *The Road North (Tie Pohjoiseen)* (2012) y *Reina Cristina* (2015).

Por su parte, Aki ha ido moldeando desde sus inicios una carrera de prestigioso cineasta independiente. Caracterizadas por su ritmo sosegado y su corta duración, las películas de Aki suelen reflejar el lado sombrío, popular y miserable de ciertos personajes típicamente finlandeses. Manejando diferentes géneros (desde la *road-movie* al cine negro o el social), Aki siempre da una importancia a la iluminación, además de a las bandas sonoras y la música de sus películas, y no tiene problemas en saltar de una ópera o una pieza clásica a un *rock and roll* de los 50.

Su afición a la música pudo comprobarse en tres bares de Helsinki, de los que fue dueño hasta 2019: el **Kafe Moskova**, el **Corona Baari** y el **Dubrovnik Lounge,** cada uno ambientado de manera peculiar, como si fueran escenarios de alguna de sus películas.

Las anécdotas adornan su marcada personalidad. En 2006, boicoteó la nominación que la Academia de los Oscars otorgaba a su película *Luces al atardecer,* para protestar ante la política exterior del gobierno estadounidense. Años antes, en 2003, nominado a la mejor película extranjera por *Un hombre sin pasado,* ya se había negado a asistir a la ceremonia de Hollywood por la misma causa. Era la primera vez que un director finlandés estaba tan cerca del premio.

Su largometraje *Fallen Leaves* (2023) constituye la vigésima cinta de Aki, y con él puso la guinda a su serie de películas proletarias, que comenzaba en 1986 con la magnífica *Sombras en el paraíso.*

Sus películas son el complemento perfecto para este viaje por Helsinki. Sus fans pueden acercarse al cine Laika, abierto en 2022 por Aki en Karkkila, la localidad donde el propio cineasta reside cuando no está en Viana do Castelo (Portugal).

¡Viva el cine!

Solo el cine podía crear algo tan mágico y trascender la pantalla. Los hermanos Kaurismaki crearon hace cuatro décadas el Midnight Sun Film Festival en el norte de Finlandia, en un pueblo llamado Sodankylä, un festival internacional de cine que reúne, año tras año, a primera figuras del séptimo arte. Consiguieron que en un pueblo de 8 000 habitantes donde nunca anochece durante el verano, compartieran mesa y conversación los aficionados y los creadores. Aquí se derriban barreras entre los cineastas y el publico. Se estrenan títulos y se repasan clásicos de siempre.

La comunidad rural que vive aquí ha visto a grandes estrellas pasar por sus calles. Carlos Saura, Mario Monicelli, Claire Denis, Milos Forman y Francis Ford Coppola, entre otros muchos, a lo largo de casi cuatro décadas. Y no hay que olvidar a unos invitados únicos: los renos.

Alrededores
de **Helsinki**

WeeGee y el politécnico de Espoo, y el centro científico de Heureka son tres destinos que han hecho que Espoo y Vantaa sean algo más que ciudades satélites de Helsinki. Aunque no es lo único, es posible perderse por el Parque Nacional de Nuukso, la bella ciudad de Porvoo o visitar la mansión Hvitträsk… Si se tiene tiempo, no hay que dejar de acercarse.

I ESPOO ★★

Se halla a 19 km de la capital, en dirección noroeste, y en pocos años se ha convertido en una de las ciudades más grandes del país, superando los 269.000 habitantes. Mucha gente, sin embargo, la considera un barrio periférico de Helsinki. El principal atractivo de este lugar es su zona universitaria, concretamente el barrio de Otaniemi, donde se halla el edificio de la facultad politécnica que diseñó Alvar Aalto en 1949 en claro homenaje a la cultura clásica.

Aalto también firma el palacio de los deportes, aunque más cerca queda el centro de congresos Dipoli, una obra de mediados de los 60, camuflada entre los árboles, que proyectaron Reima Pietilä y Raili Patelainen con madera, piedra y cristal de manera informal.

Al sureste de la ciudad de Espoo, el barrio o zona conocida como Tapiola ha levantado el flamante centro cultural y expositivo **WeeGee,** donde podréis disfrutar de arte, historia, conocimientos, sabores, fragancias y colores. Weegee está pensado para recibir público de todas las edades, y tan pronto programa una exposición de Tapiès en su centro EMMA, Espoo Museum of Modern Art, como permite conocer la historia de Espoo o la colección de cronómetros y relojes más importante del país. También hay un centro de arte multimedia y electrónico, o una galería para enseñar los llamativos objetos que Helinä Rautavaara (1928-1998) se fue encontrando en sus viajes por Asia, África y Amé-

✉ Ahertajantie 5, Espoo
🕐 Martes de 11 h a 17 h; miércoles, jueves y viernes de 11 h a 19 h, sábados y domingos de 11 h a 17 h
💶 20 €, menores gratis y entrada libre los viernes tarde
🌐 www.weegee.fi

◀ Parte del conjunto escultórico *Las huellas del cuerpo humano* de Anne Meskanen-Barman

▼ Casa de plástico del futuro en el EMMA.

▶ Museo Heureka.

▼ Centro Finlandés de la
   Naturaleza en Haltia.

rica Latina. Como cualquier centro multidisciplinar del siglo XXI, éste también cuenta con restaurante y zonas de consumo.

Si aún os quedáis con más ganas de espacios museísticos, siempre podéis acercaros hasta el **Museo Gallen-Kallela,** ubicado en una torre de casi un siglo de antigüedad, obra del artista finlandés que da nombre al museo. Además de su obra, también se exhiben exposiciones temporales relacionadas con el arte de vanguardias y de principios del siglo XX, así como unos dibujos ilustrativos del poema épico Kalevala. El barrio donde está la casa-museo es el de Tarvaspää.

❙ HALTIA Y EL PARQUE NACIONAL DE NUUKSIO ✱✱

Al norte de Espoo se localiza el mayor edificio público de madera construido en Finlandia, el Centro Finlandés de la Naturaleza: una entrada directa al corazón natural del país, un centro museístico, un espacio dedicado a aproximar a sus visitantes a un entorno natural protegido (el Parque Nacional de Nuuksio, adyacente), a través del arte, la concienciación, y el turismo activo. Haltia es un lugar del que nadie se va como llegó. Sus rutas a pie o bici y sus actividades (allí mismo se pueden alquilar desde tiendas de campaña a sacos de dormir o camping gas para pasar unas horas o unos días) permiten una inmersión en el parque, bosques, lagos, próxima a experiencias "salvajes".

I VANTAA Y SU REGIÓN   **★★**

Otro centro que despierta el interés, la imaginación y las ganas de interactuar de toda la familia es el **Heureka Suomalainen tiedekeskus,** un centro de divulgación científica y museo diseñado por los arquitectos M. Heikkinen y M. Komonen en 1988, situado en la localidad de Vantaa, 15 km al noreste de Helsinki. Heureka es más que un museo, es un parque de atracciones científicas, donde la física, las matemáticas, la química, la educación vial, la tecnología son simples juegos de niños. Para llegar en tren, hay que detenerse en la parada Tikkurila/ Dickursby (los trenes locales K, I, R, H, Z paran ahí), y luego caminar 500 m.

También en Vantaa, los aficionados a la arquitectura podrán buscar la singular **Myrbacka Kyrkan,** situada en el barrio homónimo, obra de Juha Leiviskä de 1984.

En invierno, muchos capitalinos optan por practicar sus actividades deportivas en el cercano Parque Central, **Keskuspuisto,** al norte de la ciudad. Este gran bosque, situado entre Laakso y Haltiala, cuenta con pistas de esquí de fondo kilométricas. Se puede acceder a él con el autobús urbano 66A. También en verano es punto de confluencia de los vecinos más deportistas.

Saliendo en dirección a Turku, a 36 km aparece la pequeña localidad de **Lohja,** en la región de Uusimaa. Recibe su nombre del lago, el mayor de esa región, y aunque su aspecto parezca el de una villa moderna, conserva una de las iglesias más antiguas del país: **Pyhän Laurin kirkko** se levantó en el siglo XV, y sus frescos, así como su pétrea

Heureka Soumalainen Tiedekeskus
- 🖃 Kuninkaalantie 7, Vantaa
- 🕐 Lunes, miércoles y viernes de 10 h a 17 h, jueves de 10 h a 20 h, sábados y domingos de 10 h a 18 h
- 🎟 23 €
- 🌐 www.heureka.fi

Myrbacka Kyrkan
- 🖃 Uomatie 1, Vantaa
- 🕐 Lunes a jueves de 9 h a 16 h, domingo de 9 h a 12 h, viernes y sábados cerrado
- 🌐 www.vantaanseurakunnat. fi/vantaankoski

Pyhän Laurin kirkko
- 🖃 Kirkkokatu 1, Lohja
- 🕐 de 10 h a 14 h
- 🌐 www.lohjanseurakunta.fi/

fachada exterior atraen a muchos visitantes desde Helsinki. Un pequeño museo local completa la visita al lugar.

En la misma región, aunque situada en plena costa, se halla la localidad más meridional de Finlandia. **Hanko** (Hangö) es conocida por su playa de fina arena, por su pasado bélico, por ser puerto de partida para los emigrantes finlandeses de finales del XIX, y por las fiestas que se organizan en torno a la regata anual de verano, donde lo que menos importa es la regata en sí. La península y el archipiélago atraen hasta Hanko (132 km de Helsinki) a muchos aficionados a los deportes náuticos.

❙ PORVOO ✴✴

Justo en dirección contraria, es decir, hacia la costa oriental, se sitúa Porvoo (50 km), que es la segunda ciudad más antigua del país, tras Turku. Sus casas de madera y el carácter medieval de su casco antiguo hacen que la gente de paso se detenga en esta localidad, como antaño, cuando se recorría la antigua ruta que unía San Petersburgo con Estocolmo por la costa sur de Finlandia, la que se conocía como Camino del Rey. Los islotes que la rodean, así como su campiña, atrajeron a zares, popes religiosos, aristócratas y artistas durante muchos años. Fue cuando se hizo famosa por sus tabernas y tiendas.

Su nombre original es en sueco, Borgå, que alude a una fortaleza, hoy inexistente, sobre el río.

▼ Casas de Porvoo.

El casco antiguo medieval reúne la mayor parte de los encantos de Porvoo. Además, la casa museo del poeta J.L. Runeberg y el puerto comparten orilla con el viejo Porvoo. Desde la otra orilla del río Porvoonjoki se aprecian bien los almacenes ribereños. Aunque dicha ribera occidental no tenga monumentos ni historia, merece la pena echar un vistazo a su celebrado barrio de diseño, ideado por el arquitecto Tuomo Siitonen. La funcionalidad de sus casas de madera y vidrio, y las zonas verdes, invitan a habitar así.

Saliendo de la oficina de turismo, el casco antiguo puede visitarse a pie en muy poco tiempo. En verano se suelen organizar visitas guiadas.

En dirección hacia el río aparece la **calle Jokikatu,** en cuyo número 12 aún se conserva la casa que alojó al zar Alejandro I cuando visitó la ciudad, la **Porvoon Linna.** Desde esa posición, un gran cantidad de callejuelas descienden hacia los almacenes rojas de la orilla del río.

Muchas sirven de vivienda, otras, en cambio de museo, como el de **Muñecas y Juguetes,** uno de los mejores museos de juguetes del país.

La mejor panorámica de estos llamativos almacenes de madera se consigue desde la otra orilla del río. Se puede cruzar por el puente de Mannerheiminkatu y luego caminar hacia el puente viejo, **Vanha Silta,** para volver a cruzar a la vieja Porvoo. El puente viejo sirvió de única entrada a la ciudad

Museo de Muñecas y Juguete
- Jokikatu 14
- Abre todos los días de 10 h a 15 h
- 5 € y gratuito menores
- www.lelumuseo.com

▲ Museo Histórico de Porvoo (Piispantalo).

● ● ● ● ● ● ● ●

Museo Histórico de Porvoo
✉ Välikatu 11, Porvoo
🕑 De septiembre a abril, de miércoles a domingo de 12 h a 16 h y de mayo a agosto, de lunes a sábados de 10 h a 16 h, domingos de 11 h a 16 h
💶 12 y 8 €
🌐 www.porvoonmuseo.fi

Taidehalli
✉ Läntinen Aleksanterinkatu 1, Porvoo
🕑 De 10 h a 18 h; sab y dom de 11 a 16 h; lunes cerrado
💶 Gratuito

Casa-museo de J.L. Runeberg
✉ Aleksanterinkatu 3
🕑 De 10 h a 16 h. De septiembre a abril, cerrado lunes y martes
💶 5 € y descuentos

durante décadas, en la famosa ruta o Camino del Rey. La calle que emboca el viejo puente conduce directamente a la **catedral de Porvoo,** que en 2006 ardió por obra de un joven pirómano. No es el primer incendio provocado. Los daneses la quemaron en 1508, igual que los rusos en 1571 y 1590. Su parte más antigua se remonta al año 1300, y no fue hasta 1723 cuando pasó de iglesia a considerarse catedral.

La gran plaza que encontramos en su costado es **Raatihuonentori,** y acoge las fachadas del **Piispantalo,** obispado sueco, y de la Diócesis o antiguo Ayuntamiento. Este edificio asalmonado con escalinata a dos aguas pasó a la historia por servir, en el año 1809, de sede para la primera asamblea de gobierno con la que Finlandia pasaría a desligarse de Suecia y convertirse, primero en gran ducado autónomo dependiente de Rusia, y luego en nación. El zar Alejandro I se reunió en este edificio con la aristocracia y la burguesía de la región para tratar los pormenores constitucionales.

Hoy acoge al **Museo Histórico de Porvoo.** Por las tres plantas se reparten objetos, enseres, ropas, joyas, obras de arte, muñecas y una maqueta antigua de la ciudad, con referencias prehistóricas y, principalmente, medievales. Saliendo por la calle Lukiokuja se pasará ante una de las cuatro casas que el poeta Johan Ludvig Runeberg (1804-1877) ocupó durante su vida en la ciudad. En 1838, Runeberg enseñaba griego y latín en un instituto habilitado en el palacio diocesano.

Por encima se repliegan las casas residenciales más tranquilas del centro, entre las que sobresale una galería de arte, **Taidehalli,** dedicada a jóvenes artistas de la región. La calle Kirkkokatu suele ser transitada por muchos turistas.

Al final de ella, el parque dedicado a la esposa de Runeberg, Fredrika, sirve para descansar rememorando a una de las defensoras de los derechos de la mujer del siglo XIX. Enfrente, el edificio de los bomberos sirve de escenario para el mercado navideño.

La **calle Välikatu** también es muy pintoresca. En ella se abren un montón de tiendas y boutiques, además de la casa del comerciante **Holm,** convertida en **museo.**

Data de 1763, y en ella se pueden apreciar los gustos y modos de vida de las familias acaudaladas de la ciudad. Caminando hacia el puerto turístico al borde del río encontraréis algunos cafés y restaurantes de reciente apertura. Por encima del puerto se halla la **Casa-museo de J.L. Runeberg.**

Es de estilo neoclásico, al gusto de la época, y donde la familia del poeta la habitó en 1852. Su mobiliario, su colección de arte, las porcelanas, los tapices y alfombras, las chimeneas y la colección de esculturas de su hijo Walter en el edificio adjunto son muestra del exquisito gusto decimonónico de esta familia. Las pantuflas para recorrer la casa sin causar deterioros son obligatorias.

| HVITTRÄSK   ★★

A unos 30 km de Helsinki, en la localidad de Luoma, al este de Espoo, se halla Hvitträsk, una mansión construida en el año 1903 en madera y piedra, que sirvió de refugio para el esparcimiento y el disfrute de los ecos del silencio. Sus arquitectos, Gesellius, Lindgren y Saarinen, quedaron prendados del lugar y erigieron esta casa, que hoy en día representa el estilo arquitectónico romántico, apegado a la naturaleza y al elevado contacto con los elementos clásicos (bóvedas, espacios de reunión), una obra que define muy bien aquel carácter finlandés decimonónico. La visita puede hacerse con guía. Su interior da muestras del gusto que el trío de arquitectos sentía por los detalles, pues aquí ubicaron un estudio donde trabajar y recibir a sus visitas. Tanto los jardines como su cafetería son ventanas del tiempo por los que viajar a aquel pasado romántico, bucólico, nórdico. Los paseos por el bosque pegado al lago permiten recorrer e intuir la inspiración que ilustres creadores, como Sibelius, Saarinen, etc., venían a buscar a esta bella región. Las visitas pueden hacerse con guía. El museo permanece cerrado desde el 30 de septiembre hasta el mes de abril.

✉ Hvitträskintie 166
🌐 www.kansallismuseo.fi
🚌 Helsinki-Kauklahti (líneas E, L, S y U), y 6 km de taxi desde la estación

▼ Hvitträsk.

Dónde...

Servicios
de **Helsinki**

En el centro de la ciudad se pueden encontrar varios hoteles internacionales, albergues juveniles y además de apartamentos de alquiler vacacional para estancias cortas. No hará falta especificar que se busca una habitación que no dé a una calle ruidosa. Helsinki es la capital más silenciosa del mundo. En verano, algunas residencias de estudiantes adquieren el estatus de hostales. Casi toda la categoría más baja ofrece descuentos al presentar el carné de alberguista. En la estación de ferrocarril y en la Oficina de Turismo hay sendos servicios de reserva de alojamiento.

Pernoctar en la capital no es barato, y hay diferencias de precios entre un barrio, el centro, y otro como Kallio. En cuanto a los restaurantes, la comida internacional no riñe con la comida local, o escandinava. Todo depende de la presentación, y del prestigio.

▌Restaurantes

Olo Ravintola
Para muchos es el mejor restaurante de la ciudad. Su fuerte es la innovación. Fusiona la cocina nórdica con la comida molecular y cuenta con una estrella Michelin. Menú degustación desde 155 €.
- ✉ Pohjoisesplanadi 5
- ☎ 10 320 6250
- 🍽 Desde 70 €
- 🏠 www.olo-ravintola.fi

Savoy
Diseñado por Alvar Aalto, abrió sus puertas antes de la Segunda Guerra Mundial sobre la explanada ajardinada del centro. Elegante, caro y volcado en las fusiones entre la cocina finlandesa y las influencias francesas. Cierra fines de semana. Desde 45 €.
- ✉ Eteläesplanadi 14
- ☎ 09 6128 5300
- 🍽 Desde 45 €
- 🏠 https://savoyhelsinki.fi/

Ravintola Lasipalatsi
Uno de los más elegantes y, al tiempo, asequibles de la ciudad. Su estilo funcional de los años 30 combina a la perfección con sus platos nórdicos de acabado internacional. Céntrico. Cierra domingos. Cuenta con un jardín de invierno. Siempre está lleno. Desde 29 €.
- ✉ Mannerheimintie 22-24, 2º piso
- ☎ 020 742 4290
- 🍽 desde 35 €
- 🏠 www.ravintolalasipalatsi.fi

Ravintola Kuu
En español sería restaurante luna, y es uno de los más conocidos de la ciudad, en el barrio de Töölö, pues lleva décadas ofreciendo a diario cenas de cuatro platos, escandinavos (56 €), y opciones vegetarianas, veganas, en un ambiente sencillo, acogedor, muy cálido. También se sirve a la carta, no falta el salmón ahumado o el reno.
- ✉ Töölönkatu 27
- ☎ 9 2709 0973
- 🍽 Desde 29 €

Ravintola Zetor
Los tractores que dan nombre al local apenas constituyen un complemento más en su interior. El calificativo rústico se queda corto en el restaurante de los Leningrand Cowboys, un lugar para turistas y vecinos con espíritu nostálgico campestre. Las albóndigas son muy populares, al igual que su cerveza *Sahti*. Desde 25 €.
- ✉ Mannerheimintie 3-5
- ☎ 10 766 4450
- 🍽 Desde 25 €
- 🏠 www.zetor.net

Teatteri
Un lugar a medio camino entre el bar, restaurante, *deli* y club nocturno al que acude gente guapa para charlar y picar algo. La ensalada del teatro es muy popular. Cierra el domingo. Desde 25 €.
- ✉ Pohjoisesplanadi 2
- ☎ 09 6128 5005
- 🍽 Desde 25 €
- 🏠 www.teatteri.fi

Precio
Como en cualquier capital europea, la oferta es muy variada y amplia. Nadie debería pasar por alto los puestos de la plaza del mercado, que venden comida recién hecha a precios asequibles. Existe un listado de restaurantes con un Helsinki Menú que varía en cada estación. Algunos establecimientos sirven cenas en dos turnos, de 18 h a 20 h, y de 20 h a 23 h. Y es que nadie come más tarde de las 14 h.

Kosmos

Un clásico en la ciudad, pues lleva en manos de la misma familia –muy tradicional– desde 1924. Sus platos no han crecido de la misma manera que su popularidad, pero no hay nada que objetar ante un buen plato de arenques asados. Cerrado el domingo.

- ✉ Kalevankatu 3.
- ☎ 09 647 25
- ▤ Desde 40 €
- ♁ www.kosmos.fi

Pjazza Restaurant

En un viejo edificio recuperado en modo loft se ubica este espacio de ambiente bohemio burgués y comida italiana internacional. Aquí se viene a algo más que a cenar. Dejarse ver, y dejarse sorprender por alguna actuación. Cócteles. Domingo y lunes, cerrado.

- ✉ Yrjönkatu 18
- ☎ 10 581 2883
- ▤ Desde 27 €
- ♁ https://pjazza.fi/

Salve

Este restaurante con un típico sabor marinero parece sacado de una novela de bucaneros. Está ubicado junto al puerto del oeste, justo enfrente del club Oasis. Ofrece como especialidades generosas raciones de salmón, gambas, atún frito, ensaladas y carnes, todo muy sabroso y cuidado, pero sin excesivas pretensiones. Es más auténtico que la mayoría,

Tomar un café

El **Café Ekberg** (Bulevardi 9) es el más antiguo de la ciudad, y conserva un ambiente clásico para cafeteros. Su pastel *Napoleón* sigue siendo el más solicitado. Otros locales entrañables son **Strindberg** (Pohjoisesplanadi 33) o **Café Engel** (Aleksanterinkatu 26), el preferido de la gente local. El **Fazer Café** (Kluuvikatu 3) gustará a los cafeteros por su enorme variedad y su repostería, pero también a los que disfrutan con la arquitectura y el diseño. Lleva más de un siglo abierto, y sirven almuerzos.

Si os encontráis por el barrio Töölö, cerca de la Casa de Finlandia o el Museo Nacional, podéis echar un vistazo en un par de locales donde se reúnen artistas y jóvenes con inquietudes culturales: **Korjaamo Lounge** (Töölönkatu 51b) ocupa un viejo taller de tranvías y ofrece desayunos, almuerzos y meriendas al tiempo que organiza exposiciones o espectáculos. Muy cerca, y de las mismas características, es el **Kuu Kuu** (Museokatu 17), otro lugar para el café, para cenas más formales.

En verano, la gente aprovecha las terrazas que miran al mar y los islotes en **Café Ursula** (Ehrenströmintie 3. Kaivopuisto), en el extremo sur de la ciudad. También hay quien busca algo más elevado, y para ello asciende a la terraza del **Hotel Torni** (Yrjönkatu 26), desde donde se obtiene una fabulosa panorámica fabulosa del centro de la ciudad.

The Cock (Fabianinkatu 17; telf 50 352 3486; www.thecock.fi) es el nuevo restaurante y bar de moda en Helsinki por ofrecer una gastronomía con una vuelta de tuerca. Platos originales y diferentes. Muy buenos cócteles. Platos principales a partir de 20 €. Para los amantes del buen café y los panini con aceite de oliva existe **Gran Delicato** (Kalevankatu 34; www.grandelicato.fi), decorado al más puro estilo mediterráneo, para haceros sentir como en casa.

y tiene muy buenos precios.

✉ Hietalahdenranta 5
☎ 010 766 4280
🍽 Desde 25 €

Ravintola Perho

Este local está gestionado por estudiantes de hostelería en prácticas, de ahí que sus precios sean más económicos que la media de restaurantes del mismo estilo. Todo el mundo sabe que algunos fallos son por inexperiencia, pero merece la pena vivirlos, pues tiene menús creativos de temporada. Tiene menús creativos de temporada.

✉ Mechelininkatu 7
☎ 050 524 9678
🍽 18 €
🏠 https://www.ravintolaperho.fi/

Sushi Wagocoro

No es raro que, en un país con tanto salmón, la cocina japonesa pueda hacerse un hueco en los barrios habitados por gente local. Este, además, no se aleja de la calidad que puede encontrarse en los establecimientos nipones de sushi y arroz. De los mejores del país, sin proponérselo. Pequeño y agradable. Sábado y domingo, cerrado.

✉ Runeberginkatu 63
☎ 4 0029 9415
🍽 20 €

BLINIt

Pese a ser país vecino, la cocina rusa no se prodiga en la ciudad. Este es un establecimiento para probar los blinis, esa especie de crepes eslavos, más esponjosos, que pueden acompañarse de pescado, carne o dulce. Sirven otros platos como dumplings o sopas, todo asequible para la digestión y el bolsillo. Abre a diario, de 12 h a 22 h.

✉ Sturenkatu 9
☎ 40 090 9603
🍽 Desde 16 €
🏠 https://www.blinit.fi/

Green Hippo

En el barrio Punavuori, la cadena verde dispone de un local para degustar platos saludables con ingredientes globales: aguacate, quinoa, tofu, salsa de sésamo, burrata, noodles…, menú de almuerzo (15 €). Desayunos, comidas y cenas. Sirven vino y sidra. Terraza en verano.

✉ Punavuorenkatu 2
☎ 5 0515 0157
🍽 Desde 7 €
🏠 https://www.greenhippocafe.rocks/

Sävel

Entre Hakaniemi y el barrio de Kallio, este bar ambientado en los años 60 sirve almuerzos hasta las 14.30 h a precios razonables. Bufé por 13,70 €, además del clásico Tauno Palo steak, o platos más sencillos. domingo, cerrado.

✉ Hämeentie 2
☎ 04 0026 5692
🍽 Desde 15 €
🏠 www.kallionsavel.fi

Alojamientos

Hotel F6

Hotel boutique inaugurado en 2016, muy cerca de la Esplanadi y del Barrio del Diseño. 66 habitaciones cálidas y acogedoras pensadas al más puro estilo nórdico. Los desayunos se preparan delante de los huéspedes y están compuestos por ingredientes orgánicos y locales. Habitación doble con desayuno desde 220 €.

✉ Fabianinkatu 6, Eteläinen Suurpiiri
☎ 9 68999 666
💶 Desde 220 €
🖥 www.hotelf6.fi

Hotel Klaus K

Si buscamos un hotel de diseño, sin duda este es el indicado. Situado en el centro de Helsinki, ha recibido números premios. Todas sus suites y habitaciones están decoradas de manera única, y tienen detalles folclóricos inspirados en la épica Kalevala finlandesa. Habitaciones dobles con desayuno desde 145 €.

✉ Bulevardi 2
☎ 20 770 4701
🖥 https://www.klauskhotel.com/

HOTEL GLO ART

Es el de Helsinki (hay dos más en Espoo y Vantaa) el más conocido de la cadena, situado en pleno distrito del diseño. ¿Cabe un gimnasio en un castillo con decoración art noveau? Aquí, sí. Habitación doble con desayuno desde 135 €

✉ Lönnrotinkatu 29
🖥 https://www.glohotels.fi/
☎ 10 3444 100

Sokos Hotel Helsinki

La cadena **Sokos** es famosa en todo el país, con 48 establecimientos. Este es uno de los preferidos por ejecutivos y viajeros con presupuesto elevado. Reformado en 2022. La habitación doble con desayuno, desde 154 €.

✉ Kluuvikatu 8
💶 Desde 171 €
☎ 020 123 46 01

Scandic Hotel Marski

Es un hotel de cuatro estrellas situado en pleno centro de la ciudad, frente a los almacenes Stockmann. La única recomendación posible es solicitar habitaciones exteriores, porque su tamaño sule ser más grandes. Alquilar una doble por Internet sale más barato. Desde 149 € con bufé.

✉ Mannerheimintie 10
☎ 300 308400
💶 Desde 170 €
🖥 https://www.scandichotels.com/

Hostel Scandic Paasi

Paasi es un hotel de diseño con un estilo *retro* ambientado en el circo y muy colorido. El hotel fue construido en la misma ubicación de una escuela de circo que funcionó en el siglo xix, algo que se ha utilizado con éxito como inspiración en el diseño interior. Es ideal para viajar con familia, ya que dispone muchas estancias dedicadas a los niños. Dispone de habitaciones dobles con desayuno desde 137 €.

✉ Paasivuorigatan 5
💶 Desde 132 €
🖥 www.scandichotels.com

Hotel Katajanokka

El hotel está ubicado en un antiguo edificio, que en su tiempo fue antigua prisión y ahora se ha convertido en hotel de alta calidad en la isla que le da nombre. En el entorno del hotel se encuentran la catedral Uspenski, la residencia presidencial, el Senado y la catedral. Doble con desayuno desde 120 €.

✉ Merikasarminkatu 1 A.
💶 Desde 140 €
🖥 www.bwkatajanokka.fi

Saunas públicas

Si el hotel no dispone de sauna, se puede acudir a algunos establecimientos de calidad.

Kotiharju, ubicada en el barrio de Kallio, se calienta con leña y ofrece masajes y baños.

La popular sauna de diseño Löyly, abierta en 2016, es un moderno complejo cerca del centro y con impresionantes vistas al mar que cuenta con una gran terraza y restaurantes donde probar la mejor gastronomía finlandesa.

El oasis natural de **Helsinki Pool** es un moderno complejo de spa inaugurado en 2016, justo al lado de la plaza del Mercado, inspirado en la cultura del bienestar de los países bálticos.

La **piscina de Yrjönkatu** recrea el ambiente de las antiguas termas romanas. Hay turnos separados para hombres y mujeres, y disponen además de dos saunas eléctricas y dos de leña.

HOTEL AX

Otro establecimiento nuevo, inaugurado en 2022. Hotel de diez plantas, urbano, habitaciones de diseño exagerado y funcionales. Desayuno bufé. Su ubicación en el área Jätkäsaari lo hace competitivo en precios. Admite perros. La doble con desayuno, desde 122 €.

✉ Valimerenkatu 18
☎ 29 320 0480
🏠 https://hotelax.fi/

Eurohostel

El hostal más grande del país está situado en la zona marítima de la ciudad, no lejos de la plaza del mercado. Moderno y bien equipado, dispone de más de un centenar de habitaciones para 1, 2 y 3 personas. La sauna va incluida en el precio. Entre 25 y 48 €.

✉ Linnankatu 9
☎ 09 622 0470
🛏 De 25 a 48 €
🏠 www.eurohostel.eu

Hostel Diana Park

Antiguamente conocido como Erottajanpuisto, es uno de los más demandados, a pesar de ser de los más antiguos. Su céntrica situación y sus precios asequibles hacen que muchos jóvenes viajeros lo reserven con antelación. Habitaciones y dormitorios con duchas compartidas, zonas comunes y descuentos para alberguistas con carné. No dispone de ascensor. Desde 29 €.

✉ Uudenmaankatu 9
☎ (0)50 338 543 4
🛏 Desde 30 €
🏠 www.dianapark.fi

The Folks Hotel Konepaja

Cercano al Telia 5G Arena, el estadio olímpico de Helsinki y el parque de atracciones Linnanmäki, este hotel de gama alta con precios asequibles combina la atmósfera natural y sus amplios espacios comunes, con el espíritu urbano contemporáneo. Habitaciones dobles y familiares, lofts, luminosas, de cuidado diseño nórdico. Gimnasio, bar y restaurante. La habitación doble con desayuno desde 100 €

✉ Aleksis Kiven Katu 21-23
☎ 10 207 4712
🏠 https://folkshotels.fi/

Hotel Lilla Roberts

Ejemplo de hotel boutique con cuidada decoración art decó, dispone de un patio con vistas y 130 habitaciones cuidadas y elegantes. Vecino del Museo del Diseño, cuenta con bicis gratuitas para huéspedes, que también disponen del bistró Krog Roba. La doble con desayuno desde 124 €

✉ Pieni Roobertinkatu 1-3
☎ 9 689 9880
🏠 https://www.lillaroberts.com/

Ir de compras

Design Forum
En torno a este lugar y el Parque Diana se han instalado un sinfín de tiendas, galerías, restaurantes y estudios que hoy conforman el distrito del diseño más importante de Europa.
✉ Erottajankatu 7

Myymälä2
Es una galería alternativa gestionada por jóvenes que también venden ropa, joyas, música y complementos de todo tipo para el hogar.
✉ Uudenmaankatu 23

Samuji
Bastión del diseño nórdico en pleno corazón de la ciudad. Ideada por un director creativo de Marimekko, lleva desde 2009 definiendo la moda finlandesa.
✉ Liisankatu 17

My o My Kämp Galleria
Una de las veteranas en la galería comercial. Ropa y hogar que definen diseño finlandés.
✉ Pohjoisesplanadi 33

Iittala Shop y Arabia Design
En el distrito del diseño se complementa con marcas de prestigio internacional como esta que se ocupa del cristal y de utensilios de cocina de diseño.
✉ Pohjoisesplanadi 23

Frenn
Fundada por Antti Laitinen y Jarkko Kallio en el año 2013, ofrece una línea de ropa masculina. También dispone de prendas de otras reputadas firmas nórdicas.
✉ Fredrikinkatu 24

Makia
¿Buenos abrigos, moda urbana? Esta firma es top.
✉ Mannerheimintie 22

Minna Parikka
Artistas haciendo zapatos, guantes de piel y bolsos.
✉ Uudenmaankatu 15

IVANAhelsinki
Vende ropa de Paola Suhonen, que combina estilos de tendencias retro escandinavos y eslavos.
✉ Uudenmaankatu 15

Lovia
Bolsos y joyería diseñados con materiales reciclados.
✉ Fredrikinkatu, 18

Anna Heino
Se dedica a crear las joyas de diseño.
✉ Uudenmaankatu 34

Almacenes
Algunos grandes almacenes de Helsinki están comunicados por túneles para que los clientes no tengan que salir a la intemperie en invierno.

Stockmann
Es el mayor y respetado. Su cuarta planta está llena de souvenirs. Hasta ahora no tenía rival, pero todo ha cambiado con la aparición de Kamppi o Kampi Keskus, el gigantesco edificio que reúne a las tiendas, cafés y restaurantes más en boga de la ciudad.
✉ Esquina de Aleksanterinkatu y Mannerheimintie

ITIS shopping centre
Uno de los más grandes del país. 120 tiendas, más cafés, restaurantes, cines. Hay de todo. Extrarradio.
✉ Itäkatu 1-7

Mercados

Los mercados tradicionales siguen celebrándose al aire libre, y en ellos se puede conocer la idiosincrasia finlandesa más añeja. La plaza del mercado central, **Kauppatori**, vende productos de la tierra, frescos y apetitosos.

Al sur de la plaza, el viejo mercado cubierto, **Vanha kauppahalli**, es un paraíso de las conservas y los productos gastronómicos. No dudéis y echadle un vistazo.

Otros mercados menos turísticos y con variedad de recuerdos y artesanía –abiertos y cubiertos– se hallan en Hakaniemi. Uno muy popular es el de la **plaza Hietalahdentori**, dedicado a las antigüedades (salvo domingo), y se complementa con el mercado abierto que se instala frente al edificio.

Los aficionados a la música tenéis que buscar **Viiskulma** (las cinco esquinas), lugar de confluencia de las más especializadas tiendas de música de la ciudad, como **Digelius** (desafortunadamente, ahora solamente trabaja con *pop up stores* o a través de su tienda online) y **Levykauppa Eronen** (reggae, clásica, africana o soul). **Keltainen Jäänsärkijä** es una tienda legendaria junto al conocido club Tavastia. Venden vinilos nuevos y de segunda mano (Urho Kekkosen katu). Y otro espacio recomendable y singular, **All That Plazz**, pequeño, coqueto, cuenta también con café, librería, espacio de arte y hasta su propio sello discográfico (Töölöntorinkatu 1b).

❚ Dónde divertirse

Las terrazas del centro siempre son, en verano, un lugar de encuentro.

A21
Heredando la fama de la desaparecida coctelería contigua, este club musical sigue ofreciendo buenos combinados hasta pasadas las 4 am.

✉ Annankatu 21
☎ 04 0021 1921
🔗 https://gatea21.fi/

Ateljee Bar
Otro lugar donde tomar un buen cóctel al atardecer con buenas vistas de la ciudad es aquí, en la azotea del Sokos Torni.

✉ Yrjonkatu 26

Un rincón más intimista para degustar cócteles es el **Liberty or Death** (Erottajankatu 5). Quienes busquen un lugar para ver un acontecimiento deportivo y beber cerveza, el **Apollo Sports Bar & Kitchen** (Mannerheimintie 16, en el centro Forum) es el ideal. Tiene más de 50 pantallas, y dan de comer. Por barrios, la noche difiere bastante.

Kallio

La zona de Hakaniemi y el barrio de Kallio son alternativos, pintorescos. En Kallio, el antiguo barrio obrero y actual refugio de artistas y jóvenes, podréis encontrar el **Bar Hesari** (Helsinginkatu 13), y el pub **Heinähattu** (Vaasankatu 23), dos locales con música rock de siempre, sin pretensiones. También para primer plan, el bar bistró Loosister (Hämeentie 50) ofrece comida adecuada para la noche, el rock, y las primeras cerve-

zas tranquilas. De ahí, a un salto y para bailar, Siltanen acoge planes y clubes variados en música y horarios. **Rytmi** (Toinen Linja 2) y **Sävel** (Hämeentie 2) son dos referencias parecidas más próximas al metro Hakaniemi que no cierran tarde. Entrada la noche, la gente de dichos locales se mueve a ritmo dancerock y tecnopop hacia el **club Kuudes Linja** (Hämeentie 13) o a asistir a alguna sesión de electrónica en **Kaiku** (Kaikukatu 4), que ocupa una vieja fábrica entre la sala de conciertos Kuudes Lijna y el Bar Siltaten. Kaiku es destino de los mejores dj's del mundo. Los gays deben llamar al timbre en **Fairytale** (Helsinginkatu 7) y pasar por el **DTM** (Työpajankatu 2a), el mayor club queer del norte de Europa.

Punavuori

En el barrio Punavuori comienzan a mezclarse los locales modernos con los

clásicos. Así, mientras hay quien se viste para dejarse ver en el **Erottaja Bar** (Erottajankatu 15) o en los locales trendy de la calle Uudenmaankatu: el **Café Bar No 9** en el número 9. Hay quien se queda con lo puesto para escuchar garaje rock en **Loose,** donde la gente local bebe sidra y cerveza a presión y aún utilizan la gramola.

Tavastia Club
La mítica sala de conciertos de Finlandia, donde todo grupo que se precie debe actuar, no está lejos de aquellos, solo un par de calles al norte. Tiene programación diaria. Su hermana pequeña, **Semifinal,** es más barata y underground.

✉ Urho Kekkosenkatu 4-6

Storyville
Uno de los mejores locales de jazz de Europa, un piano bar que cada viernes y sábado cuenta con músicos de primer orden.

✉ Museokatu 8

Otro club del centro que aguanta abierto hasta la madrugada es **Teatteri** (Pohjoisesplanadi 2).

Karaokes

Capítulo aparte merecen los karaokes, pues en Finlandia causan furor.

Todo el mundo ha ido en alguna ocasión. Los que más triunfan son tres: el **Karaokebar Anna K** (Annankatu 23), el **Karaokebar Jone's** (Kaisaniemenkatu 13) y el **Karaokebar Kapurikulma** (Kuparitie 1) al norte de la ciudad, en Lassila,

Pohjois-Haaga. Sin embargo, es un cuarto el que ya ha adquirido estatus de legendario, pues se lleva cantando desde 1937 en su escenario. Es el **Karaoke Populus** (Aleksis Kiven katu 22), toda una institución en la noche finlandesa.

▌Fiestas y eventos

Enero

1 enero, **Año Nuevo** (*Uudenvuoden päivä*)
6 de enero, **Epifanía del Señor** (*Loppiainen*)
DocPoint, festival de cine documental.
Lux Helsinki. Festival de luz que ofrece emociones a todos los sentidos.

Febrero

Festival flamenco de Helsinki, **Carnaval en Suomenlinna** y **Viapori Winter Blues**, en Suomenlinna. El **Día de los Restaurantes**. Se trata de un carnaval gastronómico en el que cualquiera puede crear su propio restaurante. www.restaurantday.org

Marzo

Via Crucis, procesión de Semana Santa, desde Kaisaniemi a la Plaza del Senado. **Hogueras de Pascua**.

Abril

April Jazz, en Espoo. Kirkko soikoon, festival de música eclesiástica que se celebra en distintas iglesias de la ciudad.

En Helsinki, **Vappu** le ha ido comiendo el terreno a la fiesta del trabajador. Vappu es una fiesta estudiantil que comienza a las 6 h de la mañana, tras colocar una gorra a la estatua de Havis Amanda situada en la plaza del mercado. Durante todo el día, los bares del centro se llenan de gente, y en los parques se celebran jiras.

Mayo

Helsinki City Run, en el Estadio Olímpico. **Festival "Maailma kylässä"** (El

mundo en un pueblo), en el Parque de Kaisaniemi.
Naisten Kymppi, una divertida carrera femenina, salida en el Estadio Olímpico.
Festival Masters of Art, Centro de Medios Audiovisuales Lume.

Junio

Día de Helsinki (día 12). Se celebra el aniversario de la ciudad. Festival de cultura Les Lumières, en Suomenlinna.
Fiesta nacional de San Juan, Juhannus (▶ 28). Hogueras en Seurasaari para celebrar la noche más corta del año. Se celebra el viernes anterior, entre el día 19 y el 25. www.helsinkipaiva.fi

Julio

URB Festival Urbano, muestra de arte urbano con actuaciones de jóvenes creadores en el Museo Kiasma y otros lugares de Helsinki.
Tuska Festival, el festival de música heavy metal más importante del norte europeo.
www.tuska-festival.fi

Agosto

Festival Koneisto por Flow Festival. Este festival de música y cultura urbana llena la zona de Suvilahti de interesantes artistas finlandeses e internacionales. Info: www.flowfestival.com
Desde mediados de agosto, **Festival de Helsinki**, 15 días de fiesta y cultura por toda la ciudad. www.helsinkifestival.fi.
Helsinki City Marathon, la carrera más popular del país.
La noche de las artes, celebrada siempre en jueves.
Viapori Jazz Festival.

Septiembre

Festival Internacional de Cine de Helsinki (HIFF), festival que promueve el arte cinematográfico y presenta nuevos talentos del cine mundial.
Semana del Diseño de Helsinki. www.helsinki-designweek.com

Octubre

Mercado del arenque, en Kauppatori (entre los días 1 y 10). Es la fiesta

tradicional más antigua de Helsinki. Info: www.stadin-silakkamarkkinat.fi
Día de los veleros (día 12).
Torneo Internacional de Equitación.

Noviembre

Kekri Festival se celebra en la isla de Suomenlinna, y es una festividad tradicional finlandesa que marca el final de la temporada de cosecha. Durante el festival, se ofrecen platos finlandeses, permitiendo a los visitantes sumergirse en la cultura y gastronomía local.
Circo de invierno. Inauguración de luces y decoraciones navideñas en Aleksanterinkatu.

Diciembre

Las fiestas navideñas se toman muy en serio en toda la ciudad. **Fiesta de la Independencia,** 6 de diciembre, día de Independencia (*Itsenäisyyspäivä*) **Nochebuena** y **Navidad** (*Jouluaatto & Joulupäivä*). 26 de diciembre, **día de San Esteban** (*Tapaninpäivä*) **Venta de entradas online** www.tiketti.fi, www.lippu.fi o www.ticketmaster.fi

Información Práctica

▌ Información turística

Oficina de Turismo. Los folletos en español son gratuitos y muy completos, al igual que los mapas de la ciudad y la red de transportes. Reservan alojamiento y venden **Helsinki Card** (muy recomendable si vais a pasar varios días en la ciudad), organizan visitas guiadas en autobús (29 €, una hora y media de duración), y venden billetes de tren y bus a otras ciudades. En verano se instala un quiosco de información en el parque Esplanade así como una veintena de jóvenes guías que ofrecen ayuda a quien esté deambulando por el centro.

- ✉ Aleksanterinkatu 24
- ☎ 3101 3300
- 🕐 Abren de mayo y septiembre de 9 h a 20 h, sábados y domingos de 9 h a 18 h. Desde octubre a abril de 9 h a 18 h, sábados y domingos de 10 h a 16 h
- 🌐 www.visithelsinki.fi

En Helsinki, las tiendas de **Karttakeskus Oy** (Aleksanterinkatu 26-28 y Vuorikatu 14. sales@karttakeskus.fi) publican y venden mapas de carretera detallados, con indicaciones de rutas pintorescas.

▌ Qué llevar

Quienes acudan a practicar deportes de nieve, durante la larga temporada invernal, no deben olvidar la vestimenta a base de capas, con ropa exterior impermeable e interior térmica, además del forro polar, chaquetón, bufanda, guantes y todo lo que ayude a combatir las temperaturas bajo cero que dejan al país en estado de hibernación.

Durante los meses de verano ocurre justo lo contrario. El calor invita a dejarse ver con ropa ligera, de algodón o lino, gafas de sol (incluso de noche), gorra visera, bañador, crema protectora y protección antimosquitos *(Off* es un spray muy popular entre la gente local. Los mosquitos son un verdadero incordio pendenciero desde mediados de junio a finales de julio. Ha habido gente a la que se le ha llegado a prohibir la entrada de antimosquitos eléctricos, de pastillas o de líquidos).

El **calzado** cómodo y deportivo es fundamental para recorrer los parques y reservas naturales, pero no debéis olvidar indumentaria y calzado vistoso para las tardes y noches en las terrazas y cafés de la ciudad, donde hay más maniquíes que en los escaparates comerciales. Prismáticos y equipo adecuado si se va a practicar senderismo. También conviene llevar un antifaz durante las semanas en las que el sol no se pone por la noche, pues muchos alojamientos no cuentan con persianas o cortinas y resulta difícil conciliar el sueño con luz.

▌ Cuándo ir

La luz (o su ausencia) y el frío o calor hacen que el foráneo reduzca Finlandia a dos épocas y climas: el frío y la noche perpetua del invierno (diciembre a marzo) y el calor y el día perpetuo del verano (entre junio y agosto). Por ahí van los tiros, aunque con matices. Aunque parezca mentira, el clima en el sur de Finlandia es templado gracias a los favores del mar de los grandes golfos de Botnia y de Finlandia. Incluso ha habido años en los que la nieve no ha aparecido. Aun así, Helsinki es una de las capitales europeas más frías, y en el interior del país se registran importantes variaciones medias mensuales de temperatura. El clima continental hace que las estaciones intermedias (otoño, primavera) sean más cortas de lo normal, con medias invernales situadas por debajo de los -5 ºC y con nieve cubriendo el suelo al menos durante cuatro meses al año (diciembre a abril). El hielo congela lagos y mares, y plantea problemas a la navegación. Hay puertos que no quedan libres de hielo hasta el mes de mayo. El fenómeno de la aurora boreal se puede disfrutar en los cielos de Laponia durante noches muy oscuras y despejadas, entre febrero y marzo y también entre septiembre y octubre. La primavera y el verano suelen ser temporadas secas. El verano finlandés es cálido y muy luminoso. El fenómeno del "sol de medianoche" se disfruta en todo el país a principios de verano, aunque es en el norte, en la región de Laponia, donde este atractivo llega a convertirse en espectáculo. La falta de noche hace que la luz solar esté presente durante varias semanas. En la costa meridional, las noches apenas son tímidos crepúsculos que se dilatan escasas horas entre día y día. El polo opuesto es menos agradable. El final del otoño, con escasas horas de luz y sin la presencia de nieve, convierte a Finlandia en un destino oscuro y triste. Septiembre es temporada alta en Laponia por las coloridas otoñadas (ruska) y los bellos paisajes. Los finlandeses aprovechan para recoger bayas y setas en los bosques.

Kaamos es una palabra que utilizan para nombrar a la luz azulada, mezcla de oscuridad y crepúsculo exclusivos del invierno nórdico, por encima del Círculo Polar Ártico. El mes de diciembre también es temporada alta en Laponia, hogar de Papá Noel. Información meteorológica: www.fmi.fi.

∎ Moneda

El **euro** (€) circula y se maneja como unidad monetaria desde el año 2002.

El horario de los bancos suele ser entre las 9.30 h y las 16.30 h, menos los sábados y los domingos. Cada entidad, sin embargo, se rige por horarios particulares según la región.

Sin embargo, las más comunes son las de Etelä-Pohjanmaan Osuuspankki, Nordea, POP, Handelsbanken. En los centros de las ciudades siempre existe la posibilidad de encontrar un banco con algún cajero automático disponible en su exterior. Estos se distinguen por las enseñas de Otto y Solo.

Todo tipo de tarjetas bancarias y de crédito son aceptadas las 24 horas, aunque en las operaciones de retirada de dinero (indicaciones en varios idiomas), las comisiones pueden ser elevadas. Conviene emplear la tarjeta de crédito para todo tipo de pagos, desde unas cervezas hasta las compras de recuerdos o entradas a museos.

∎ Información turística

Oficina de Turismo de Finlandia
✉ Fernando el Santo 27-5ºA. Madrid
☎ 91 749 77 45
🖥 www.visitfinland.com/es; finlandia@mek.fi

Embajada de Finlandia
✉ Paseo de la Castellana 15. 28046 Madrid
☎ 91 319 61 72

Finlandia cuenta con varios consulados honorarios en España. En los Consulados de Barcelona, Las Palmas, Málaga, Palma de Mallorca y Pilar de la Horadada hay personal finlandés para atender al público. Además también los hay en: Sevilla, Bilbao, Gijón, La Coruña, Santander y Valencia.

Consulado Honorario en Barcelona
✉ Puig i Xuringuer 17, 08004 Barcelona
☎ 93 443 15 98

Instituto Iberoamericano de Finlandia.
✉ C. de San Agustín, 7, Centro, 28014 Madrid
☎ 91 444 44 11
🖥 http://madrid.fi.

❚ Sanidad

La Tarjeta Sanitaria Europea (TSE) certifica el derecho de su titular a recibir las prestaciones sanitarias que sean necesarias durante una estancia temporal en cualquiera de los países integrantes de la Unión Europea.

La asistencia sanitaria se recibe en Finlandia en igualdad de condiciones con los asegurados del país. La emiten en el acto en cualquier centro de atención e información de la Seguridad Social; es personal e intrasferible. También se puede solicitar de forma online a la Seguridad Social: https://www.seg-social.es/

Cualquier agencia de viajes o de seguros puede informarnos sobre pólizas y seguros de viaje, que le suelen proporcionar asistencia y cobertura por cancelación de viaje, pérdida de transporte, robo de equipaje, gastos médicos, daños personales o accidentes fatídicos, cobertura para deportes de riesgo, etc.

Los cheques de viaje también suelen ser aceptados en los bancos, e incluso en los grandes hoteles.

Para robos y pérdidas, bien se puede llamar al banco o caja de ahorros donde se emitió la tarjeta, o también contactar directamente con: Eurocard, MasterCard. Telf. 08001 156234; Visa. Telf. 0800 11 0057; American Express (Travelers Cheques). Telf. 0800 9 3313.

DURANTE LA ESTANCIA

❚ Llegar desde los aeropuertos

El aeropuerto internacional de Vantaa está situado a 20 km al norte de Helsinki (HEL/ EFHK), PO Box 29, FIN-01531 Vantaa. Telf. +358 (0)9 82771 o 61511, www.helsinki-vantaa.fi.

Finnair (www.finnair.com), la compañía aérea nacional, oferta vuelos desde Barcelona (a diario), Madrid, Málaga, Alicante, Ibiza, Menorca, Tenerife, Gran Canaria, Fuerteventura y Lanzarote hasta Helsinki. Hay que saber que los vuelos de *Iberia* son operados por Finnair por lo que resulta más económico comprárselo directamente a la compañía finlandesa. *Vueling* opera varias veces por semana de manera directa entre Helsinki y Barcelona. Por su parte, la compañía de bajo coste *Norwegian* conecta Helsinki de manera directa con Alicante, Barcelona, Madrid, Málaga, Palma de Mallorca y Tenerife.

Las principales líneas aéreas europeas *(Lufthansa, Air France, Swiss...)* también cubren trayectos entre España y Finlandia, con escala en ciudades del país de origen de la compañía en cuestión. Los precios varían según la temporada, y en Internet suelen encontrarse las mejores ofertas.

La forma más económica y cómoda de viajar desde el aeropuerto al centro de la capital es en el autobús urbano 600, que conduce en algo más de media hora hasta la estación central de tren. Los buses 415 y 451 también se acercan al centro (el billete cuesta 5,5 €).

Los **autobuses** de la compañía aérea *Finnair* también tienen servicios permanentes (cada 25 minutos; descuentos con Helsinki Card) y se detienen frente a hoteles como el Scandic Continental o el Crowne Plaza. Su terminal en el centro está junto a la estación de trenes, próxima al Sokos Hotel Vaakuna (el billete cuesta 6,30 €).

Los **taxis** suelen fijar la carrera en unos 40 €. Los taxis comunitarios "Yellow Line" transportan a grupos de 5 a 8 personas hasta la dirección deseada, y las tarifas fluctúan entre los 30 y los 60 €, en función del número de ocupantes. En la terminal de llegadas disponen de una parada.

❚ Llegar por mar
Son frecuentes las conexiones con Estocolmo (Suecia) y Tallin (Estonia). Existen varias terminales portuarias. Dos se hallan al sur de la plaza del mercado, en el embarcadero central. Son **Olympic Terminal** (Olympiaterminaali) de Siljia Lines, y su vecina **Makasiini Terminal** (Makasiiniterminaali), a donde llegan los *hydrofoils express* desde Tallin.
La compañía **Viking Line** tiene su muelle al este de dicho embarcadero central, muelle conocido como **Katajanokka Terminal** (Katajanokan terminaali). Además, existe otro puerto, al oeste de la ciudad, desde el que salen los grandes barcos que van a Tallin). Es **Länsisatama Terminal,** y lo emplea la compañía *Tallink Eckero Line.* Mucha gente va a Tallin a pasar el día, visitar la ciudad y hacer compras. También existen conexiones con el norte de Alemania.

❚ Llegar por tren
La estación central de trenes (Rautatieasema) se halla en pleno centro de la ciudad, en Rautatientori, o Kaivokatu. De ella parten a diario trenes a Moscú y San Petersburgo, así como hacia las principales ciudades finlandesas.

❚ Llegar en coche
La opción de carretera obliga a viajar en algún momento en barco, a no ser que se persiga la hazaña de conducir hasta San Petersburgo para cruzar la frontera terrestre entre Rusia y Finlandia. Lo normal es dedicarle al asfalto tres o cuatro jornadas hasta alcanzar las ciudades alemanas de Rostock o Travemünde, desde las que parten ferries hasta la costa meridional finesa. Además de ganas y paciencia es necesario el carné de conducir en regla, un seguro a terceros y en caso de viajar en invierno (que se prolonga hasta abril), los neumáticos especiales con clavos *(talvirenkaat,* en finés).

❚ Horarios
Finlandia vive adelantada una hora con respecto al horario continental europeo, el de España (salvo Canarias).
El horario de verano entra en vigor igual que en toda la Unión Europea, entre el último domingo de marzo y el último domingo de octubre. Por norma general, los comercios suelen abrir sus puertas desde las 9 h hasta las 18-19 h de los días laborables, y los

❚ Documentación
Los ciudadanos de los países miembros de la UE no necesitan visado para viajar a Finlandia. Los españoles pueden viajar a Finlandia con el DNI o pasaporte en vigor. Si el viaje dura más de 90 días, tienen que registrarse en la comisaría local como europeos residentes en Finlandia. Como es parte del área Schengen el extranjero procedente fuera de esta área debe solicitar el visado antes de emprender el viaje. El visado autoriza a su titular a viajar dentro de todo el área Schengen durante el período de vigencia del mismo y tiene que ser solicitado para el país que va a ser el destino principal del viaje.

Farmacias

Para comprar medicamentos, debéis buscar la célebre cruz verde de las farmacias, boticas o *apotecas* (**apteekki**, en finés).

Las farmacias suelen permanecer abiertas hasta las 18 h, y siempre hay alguna que se queda de guardia. Paracetamol o ibuprofeno serán términos reconocibles por el farmacéutico, y os serán útiles en caso de fiebre, infecciones, dolores musculares o menstruales.

Personas con discapacidad

Los viajeros con problemas de movilidad podrán viajar a Helsinki tranquilos.

Los edificios públicos (museos, teatros, iglesias), así como los transportes públicos, presentan accesos y espacios preparados. Podéis informaros con más detalle en asociaciones como **Invalidiliittory,** Mannerheimintie 107, www.invalidiliitto.fi.

sábados de 9 h a 15 h. Esta norma se la saltan los grandes almacenes, que estiran dos o tres horas más el cierre (en verano y en diciembre, incluso abren los domingos). Los días festivos son sagrados incluso para los comerciantes. Las bibliotecas públicas o centros culturales también se rigen por este horario comercial, aunque cerrando sus puertas a las 19 h. Los restaurantes suelen trabajar de 11 h a 22 h o 24 h. Las discotecas cierran entre las 3 h y las 4 h.

Conducir

Una buena opción para moverse pasa por alquilar un coche. Para ello, requieren el carné de conducir en regla y más de un año de antigüedad; ser mayor de 19-21 años (según las compañías) y una tarjeta de crédito.

Las compañías internacionales suelen colgar en sus páginas webs ofertas y descuentos, o convenios con algunas líneas aéreas para que el viajero disponga de avión y coche en el mismo paquete turístico. Devolver el coche en un punto diferente al de recogida significa pagar un suplemento. Comprobad bien el estado del coche antes de salir (luces, limpiaparabrisas, desperfectos en el chasis), y recordad que el depósito de combustible debe rellenarse antes de la entrega del automóvil. También conviene preguntar por algunos pormenores del contrato (el impuesto VAT del 22 por ciento, el kilometraje ilimitado, las exenciones por daños o robo en el vehículo, CDW y TP).

En Finlandia siempre se conduce con las l**uces encendidas.** Siempre. Y durante el invierno (diciembre a marzo), los **neumáticos de clavos** son obligatorios. Las graciosas señales de precaución con el alce dibujado no están para decorar los arcenes. Al caer la tarde en una carretera secundaria, estos gigantescos animales pueden surgir de la nada y provocar un accidente. La precaución y la atención siempre serán necesarias.

Casi nadie utiliza el claxon. El respeto al conductor, al peatón, al ciclista, es más que evidente. Una de las primeras palabras que debe memorizar el conductor es **keskusta,** que significa "centro urbano".

Los **aparcamientos** del centro urbano son de pago por tiempo limitado. En determinados lugares, es necesario disponer de un marcador de tiempo en el coche (disco-horario), aunque se van imponiendo los parquímetros. En lugares públicos como bibliotecas o polideportivos encontraréis aparcamientos gratuitos y no muy lejanos del centro.

En caso de emergencia, un teléfono útil puede ser el de urgencias (112). Existe un organismo encargado de los accidentes causados por vehículos extranjeros en Finlandia: **Liikennevakuutuskeskus.** Itämerenkatu 11-13. Telf. +358 40 450 45 20 y +358 40 450 4580. Se recomienda asimismo prestar atención extra en la carretera al caer la tarde, y por la noche. Es cuando los alces suelen moverse y cruzar repentinamente las carreteras de todo el país.

Las gasolineras con área de descanso cuentan con restaurantes o cafetería, y en ellas se impone el autoservicio y pago en caja una vez que se llena el depósito. Las situadas en las afueras son más caras que las de dentro de la ciudad. Cada vez hay más gasolineras atendidas por máquinas de pago mediante tarjeta de crédito, o mejor dicho, desatendidas las 24 horas.

I Transportes públicos

Para moverse por Helsinki lo mejor es consultar líneas de autobuses urbanos.

Helsinki cuenta con una modesta red de metro que resulta muy práctica para cambiar rápido de zona urbana. Existen billetes sencillos, de un solo viaje. Los tranvías de la capital también son eficaces, y en algunos casos cubren recorridos de interés "turístico" (la línea 3T).

Con la **Helsinki Card,** el transporte urbano es gratuito en buses, tranvías, metro y transbordador a Suomenlinna. Un viaje individual City Ticket (kertalippu) cuesta 3,20 €, y vale para tranvías, buses y metro de toda el área metropolitana. Los regionales son algo más caros. Comprar el billete en la máquina es más barato que comprárselo al conductor.

Una vez adquirido, vale durante la hora siguiente. Los autobuses circulan de 5.45 h a 1.30 h (domingos desde las 7.15 h), mientras que el metro está abierto de 5.30 h a 23.30 h (domingos a las 6.30 h) y el tranvía de 6 h a 23 h (domingos a partir de las 7.15 h). También existen billetes de transporte público HKL para turistas. Tienen unan validez de un día (por unos 8 €), tres días (por 16 €) y cinco (por 24 €).

En la página web www.hsl.fi/en/timetables-and-routes se pueden consultar todas las tarifas, rutas y horarios.

Las líneas 2 y 3 del tranvía son la alternativa barata del bus turístico. Pasan por los lugares más emblemáticos como las plazas del Mercado y del Senado, la estación de Ferrocarril, la capilla de Kamppi, la iglesia de Temppeliaukio, el Estadio Olímpico, la Ópera Nacional, Linnanmäki, Hakaniemi y el Distrito del Diseño. Spårakoff es un tranvía rojo convertido en pub-restaurante que recorre las principales atracciones del centro de Helsinki en verano. El trayecto

I Propinas

Como el servicio prestado va incluido en las facturas de hoteles y restaurantes finlandeses, la propina queda a libre elección del cliente.

Ahora bien, tened en cuenta que los céntimos de euro (5, 10, 20) en Finlandia son prácticamente una anécdota, no se usan, así que antes de quedar mal por cicateros y mezquinos, mejor no dejar nada.

❙ Agencias de alquiler

Europcar
🌐 www.europcar.fi
Avis
🌐 www.avis.fi
Hertz
🌐 www.hertz.it
Budget
🌐 www.budget.fi
Lacara
🌐 www.lacara.net
Scandia Rent
🌐 www.scandiarent.fi
Transvell
🌐 www.transvell.fi
Para alquilar autocaravanas
🌐 www.aavuokraus.fi

❙ Corriente eléctrica

Es de 220 voltios, 50 Hz. Igual que en España. La clavija de los enchufes es, en su mayoría, de dos patillas redondeadas. Así pues, no encontraréis ningún problema con los aparatos eléctricos (cargadores de móvil, secadores, máquinas de afeitar, radios, baterías).

dura unos 40 minutos y como si se tratase de un auténtico pub, se puede tomar cerveza, sidra y refrescos. Salidas: desde Mikonkatu en Rautatientori, martes a sábados, de mediados de mayo a finales de agosto. Web: www.koff.fi/sparakoff.

Por su parte, el metro tiene una sola línea con seis paradas, y cruza la ciudad de suroeste a noreste, entre Ruoholahti y Sörnäinen.

Los barcos a Suomenlinna cuestan 5,50 € (validez de 12 h) si son de la red de transporte público HKL. Salen desde el embarcadero de la plaza del mercado. Hay otras compañías que realizan el mismo trayecto.

❙ Alquiler de bicis

Finlandia es un paraíso para los ciclistas. En las grandes ciudades, el carril bici es tan importante y respetado como la calzada o las aceras. En Helsinki y alrededores, más de 900 km de carril bici hacen que el verano sea para las bicicletas. Para usar las bicicletas hay que registrarse en internet y pagar por el uso de las mismas. Helsinki cuenta con un sistema de bicicletas públicas disponible desde abril hasta octubre. Hay aproximadamente 1 400 bicicletas distribuidas en 140 estaciones por toda la ciudad. Para utilizar este servicio, puedes registrarte en línea y elegir entre diferentes pases: Pase diario de 5 €. Pase semanal de 10 €. Pase anual de 25 €. La primera media hora de cada trayecto es gratuita. Si excedes este tiempo sin devolver la bicicleta, se aplicará un cargo adicional de 1 € por cada 30 minutos extra. Es importante no utilizar la misma bicicleta por más de 5 horas consecutivas, ya que se impondrá una multa de 80 €. Desde abril de 2024, **Inurba Mobility** gestiona el Bike Centre de Helsinki, que promueve la cultura del ciclismo urbano, ofrece asesoramiento sobre mantenimiento de bicicletas y proporciona información sobre rutas y eventos ciclistas. https://inurbamobility.com

❙ Mapas y planos

Todas las oficinas de turismo ponen a disposición de los viajeros un buen número de mapas y planos, con las ciudades y carreteras más importantes.

Si buscáis mayor precisión para viajar por carretera, tenéis varias opciones. En Helsinki, las tiendas de **Karttakeskus Oy** (Aleksanterinkatu 26-28 y Vuorikatu 14. sales@karttakeskus.fi) publican y venden mapas de carretera detallados, con indicaciones de rutas pintorescas.

Otra opción es la de comprarlos en las estaciones de servicio de las gasolineras. La oficina de turismo de la ciudad reparte planos gratuitos de Helsinki, con información complementaria y algo de publicidad. Los hay, incluso, divididos por barrios, como el dedicado al distrito del diseño.

Aseos públicos

No resulta raro avistar señales indicadoras de aseos públicos en la ciudad. Hay WC automáticos al lado de Kauppahalli, Esplanadi, el parque de Sibelius. Las puertas se abren bajo pago. Por lo general, siempre es más socorrido acudir a los baños de un café, o en su defecto, a los de las estaciones de autobús o tren. Los centros comerciales también disponen de servicios, limpios y tranquilos. Un cuarto de baño con vistas de la ciudad es el del piso 12 del hotel Torni (Yrjönkatu 26, Keskusta, Helsinki. Telf. +358 10 7842 080) en el Ateljée Bar donde podemos tomar un café o una cerveza.

Correos

Las oficinas de correos suelen abrir al público todos los días laborables entre las 9 h y las 18-20 h. Algunas, incluso los sábados y se incluyen las conexiones a Internet. Algunas librerías y quioscos también venden sellos. Los buzones amarillos se ven en cualquier lugar céntrico. Los servicios gratuitos de conexión a Internet funcionan en todas las bibliotecas públicas con suma perfección, y sin gran demanda. Desde 2012 hay una extensa red de wifi gratis en Helsinki.

Museos y monumentos

Infinidad de monumentos, edificios y museos aguardan a los visitantes durante el verano. Muchas de sus actividades culturales se desarrollan en el exterior durante esos meses estivales, pues a los capitalinos les encanta echarse a la calle y aprovechar la luz y el calor. En invierno, sin embargo, el clima adverso obliga a quedarse de puertas para adentro.

Por lo general, casi toda visita cultural conlleva el **pago de una entrada** (existen descuentos para estudiantes, familias, tercera edad), y al igual que existe un día de descanso a la semana (suele caer en lunes), también hay otros días en los que la entrada es gratuita, y otros en los que se alarga el horario de cierre. En Helsinki la tarjeta turística permite, entre otras cosas, entrar a todos los museos de forma gratuita. La afición de los finlandeses por la cultura ha ayudado a recuperar grandes espacios industriales para convertirlos en museos y galerías de arte. La ciencia, la naturaleza y la etnografía sirven de plataforma para muchos museos interactivos (Vantaa).

Ahorrar

Con los carnés de identificación se pueden conseguir interesantes descuentos en entradas, alojamientos, billetes, seguros, etc.

El Carné Internacional de Estudiante (ISIC), el Carné de Profesor Internacional, el Carné de Alberguista Internacional, el Carné +26, el Carné Joven Euro < 26 se pueden adquirir antes de salir de viaje. Cualquier centro de información juvenil de España dispone de información acerca de cada tipo de carné. Las oficinas del **TIVE** son las encargadas de emitirlos.

Teléfonos de urgencias

Válidos en todo el país sin necesidad de prefijos.

Policía: 112
Bomberos: 112
Ambulancia: 112
Emergencias policía: 10022

❙ Helsinki Card

Desde 1983, esta tarjeta turística permite obtener grandes beneficios en forma de descuentos y pases directos en transporte, museos y otras atracciones de la ciudad. Incluye el uso ilimitado del transporte público en Helsinki. Incluye tours gratuitos o con descuento, como paseos en barco por el archipiélago o visitas guiadas por la ciudad. Ofrece descuentos o gratuidad en varios museos y en restaurantes y tiendas. Se puede conseguir en el aeropuerto, o en la oficina central de turismo de la ciudad, y tiene distinto precio en función de la edad y la duración del viaje:
- Helsinki Card de 24 horas: 51 €.
- Helsinki Card de 48 horas: 62 €.
- Helsinki Card de 72 horas: 73 €.

Los edificios monumentales (castillos, iglesias, centros interpretativos) suelen visitarse con **guías especializados** que hablan varios idiomas. Avisando con antelación, dispondrán guías que hablen español. Son recomendables los centros culturales municipales, centros juveniles y galerías de arte privadas. En ellas reside lo más fresco y atrevido de las últimas tendencias artísticas. La ópera o los conciertos musicales, el teatro en sueco o en finés, y los diferentes festivales y espectáculos completan la oferta cultural de la ciudad a lo largo del año.

❙ Pérdida o robo

Podremos recuperar los objetos perdidos en tres puntos.

La oficina de Objetos Perdidos de la Policía de Helsinki está en la Comisaría de Pasila 1, Pasilanraitio 13, Länsi-Pasila. Telf. +358 (0)295 417 912. Horario: de lunes a viernes de 9 h a13 h, www.poliisi.fi.

Servicio de objetos perdidos de Finlandia, Mäkelänkatu 56 Tel. +358 (0) 600 41 006. Horario: de lunes a viernes, de 10 h a 18 h, sábados de 10 h a 14 h, www.loytotavara.net

Punto de objetos perdidos situado en el **Centro comercial de Kamppi,** Narinkka 3, Telf. +358 (0)600 04401. Horario: de lunes a viernes, de 11 h a 18 h. www.htp-palvelut.com.

Por lo general, Helsinki es una ciudad bastante segura y con escasos escándalos callejeros. Sin embargo, los cacos pueden caer en la tentación si bajáis la guardia en estaciones de tren o metro, o en céntricas y congestionadas calles comerciales. El número de emergencias (policía, ambulancias y bomberos) es el 112.

❙ Costumbres locales

El finlandés es un tipo peculiar. Picando de aquí y de allá, es decir, de sus vecinos escandinavos y de sus vecinos rusos, y buscando su propia identidad, el resultado final es único, genuino, inimitable.

Dicen los tópicos que en Finlandia son fríos, como su invierno, e impenetrables. Bueno, ellos dicen que es cuestión de "sisu". El *sisu* es una palabra que emplean para describir una combinación de coraje, esfuerzo y tenacidad; para referirse a una actitud que, tras largos siglos de desventuras y luchas, sumados a las adversidades climatológicas, ha forjado al finlandés como a alguien duro, perseverante y tranquilo. En el fondo de ese *sisu,* sin embargo, también se encuentran los sentimientos contrarios, las debilidades y flaquezas… Nada como charlar con un finlandés que lleve unas copas de más. *In vino veritas,* se suele decir.

En cuanto sale un rayo de sol, los parques se convierten en espacios para el juego y el deporte, para el yoga, el tai chi o el pilates. Los finlandeses practican deporte con regularidad. Y leen con mayor regularidad. Sus índices de lectura están a la cabeza del mundo. Sus bibliotecas son concurridos remansos de paz. La lectura se asocia al silencio. Quizá por eso el finlandés es silencioso. Y Finlandia es silenciosa. Tanto que, a veces, se descubre el sonido del silencio.

I Idioma

Las lenguas oficiales de Finlandia son el finlandés y el sueco, empleado como lengua materna por un 6 por ciento de la población (en la costa oeste).

El idioma finlandés, muy diferente al resto de idiomas de los países nórdicos, pertenece a la familia lingüística ugrofinesa, junto al estonio y otras lenguas parecidas. Además de los sueco parlantes, otra minoría lingüística de Finlandia la constituyen los sami de Laponia, que hablan uno de los cuatro dialectos básicos, a su vez dividido en subtipos y variantes locales. El idioma sami estuvo prohibido en las escuelas durante muchos años. Hoy se mantiene como bastión de identidad cultural.

Los fonemas del finlandés no resultan difíciles para un español, que con mayor o menor dificultad puede leer y pronunciar aquello que ve escrito sin que la gente local se eche a reír. Casi cualquier persona puede defenderse en inglés ante las preguntas de los visitantes.

I Impuestos

El **IVA** finlandés (VAT) está incluido en la mayoría de los precios de bienes y servicios.

En general, supone un valor del 22 por ciento (los hoteles lo incluyen en su precio), aunque en algunos casos se reduce al 17 por ciento (en alimentos) o al 8 por ciento (en transportes públicos, libros, medicinas…).

| Vocabulario básico

Español	Finlandés	Español	Finlandés
Gastronomía			
Agua mineral	*Kivennäisvesi*	Marisco	*Meren herkut*
Bufé	*Voileipäpöytä*	Menú	*Ruokalista*
Café	*Kahvi*	Postre	*Jälkiruoka*
Cena	*Illallinen*	Reno	*Poronliha*
Cerdo	*Porsaanliha*	Restaurante	*Ravintola*
Cerveza	*Olut*	Salmón	*Lohi*
Comida	*Lounas*	Ternera	*Vasikanliha*
Cuenta	*Lasku*	Verduras	*Vihannekset*
Desayuno	*Aamiainen*	Vino blanco	*Valkoviini*
Leche	*Maito*	Vino tinto	*Punaviini*
Expresiones de cortesía			
¡Adiós!	*Hei-hei!*	Es un placer	*Mielihyvin*
¡Adiós!	*Moi-moi!*	Gracias	*Kiitos*
Bienvenidos	*Tervetuloa*	¿Hablas español?	*Puhutko sinä espanjaa?*
Buen viaje	*Hyvää matkaa*	¿Hablas finés?	*Puhutko sinä suomea?*
Buenos días (solo por la mañana)	*Hyvää huomenta*	Hasta luego	*Näkemiin*
Buenos días/ Buenas tardes	*Hyvää päivää*	Hola!/¡Adiós!	*Moi!*
Buenas tardes/ noches	*Hyvää iltaa*	Me llamo...	*Nimeni on...*
Buenas noches (al irse a dormir)	*Hyvää yötä¡*	(Muy) bien, gracias	*Kiitos, hyvää*
¡Chín-chín!	*Kippis!*	Por favor	*Olkaa hyvä*
Entiendo / No entiendo	*Ymmärrän/ En ymmärrä*	¿Qué tal?/ ¿Cómo estás?	*Mitä kuuluu?*
Perdón	*Anteeksi*	Sí/ No	*Kyllä/ei*
Soy Español(a)	*Minä olen ranskalainen*	Salud!	*Kippis!*
Días de la semana y tiempo			
Lunes	*Maanantai*	Martes	*Tiistai*
Miércoles	*keskiviikko*	Jueves	*Torstai*
Viernes	*Perjantai*	Sábado	*Lauantai*
Domingo	*Sunnuntai*	Semana	*viikko*
Hoy (mañana/ tarde/noche)	*Tänään aamulla/ (päivällä/illalla)*	Mañana	*Huomenna*
		Ayer	*Eilen*
Qué hora es?	*Paljonko kello on?*	Cuándo?	*Milloin?*
Para viajar			
Aeropuerto	*Lentoasema*	Estación de autobuses	*Linja-autoasema*
Estación de tren	*Rautatieasema*	Puerto marítimo	*Satama*
Autobús	*Bussi*	Avión	*Lentokone*
Barco	*Laiva*	Bicicleta	*Polkupyörä*
Moto	*Moottoripyörä*	Taxi	*Taksi*
Tren	*Juna*	Hotel	*Hotelli*
Dinero	*Raha*	Me gustaría alquilar	*Haluaisin vuokrata...*
¿Cuánto es?	*Kuinka paljon tämä maksaa?*	Es barato	*Se on halpa*
		Es demasiado caro!	*Se on liian kallis!*

Índice de lugares